C000097694

LiK⁷2719

CHEZ L'ÉDITEUR :

BALLADES ET PETITS POÈMES DE WORDSWORTH,

Traduits par Florent Richomme,

1 vol, in-8°.

Du même, pour paraître prochainement :

NOUVEAUX ÉLÉMENTS

DE

PROSODIE FRANÇAISE

1 vol. in-18, *(élémentaire)*.

LES ORIGINES DE FALAISE.

LES
ORIGINES DE FALAISE

SOUS LE RÈGNE DE ROBERT,

PÈRE DE GUILLAUME-LE-CONQUÉRANT,

suivi d'une

Étude sur la Légende

DE

ROBERT-LE-DIABLE

PAR

FLORENT RICHOMME,

Membre de la Société des Antiquaires de la Normandie (1824).

FALAISE
IMPRIMERIE DE LEVAVASSEUR,
Place Trinité, 13.

—

1851.

A M. ADOLPHE LECHASTELAIN,

ADJOINT AU MAIRE DE FALAISE,

Souvenir de Sincère Gratitude

ET DE PROFOND RESPECT.

Nous causerons tournés vers la ville natale,
Pittoresque cité qui sous vos yeux étale
  Ses remparts, ses clochers,
Son château sur l'abîme et puis sa tour anglaise
Car c'est le vieux Falaise en Gouffern, c'est Falaise
  La ville des rochers.

ALEXANDRE COSNARD.

(Tumulus 1843).

LES

ORIGINES DE FALAISE

SOUS LE RÈGNE DE ROBERT,

PÈRE DE GUILLAUME-LE-CONQUÉRANT.

Introduction.

ÉTYMOLOGIE DU NOM DE FALAISE.

Depuis que la Société des antiquaires de la Normandie fut créée par MM. de Gerville, de Caumont, de Magneville, P.-A. Lair, Léchaudé d'Anisy et d'autres savants, l'étude des antiquités locales s'est ranimée avec une active sympathie qui s'est propagée dans toute la France. L'Essai sur l'Architecture Religieuse, de M. de Caumont, fut comme une révélation qui éclaira d'un jour nouveau nos monuments nationaux. De tous ces travaux (1), l'archéologie

(1) Les lignes suivantes, écrites en mai 1849, donnent à peine une faible idée des travaux et des créations scientifiques de M. de Caumont :

La Société des antiquaires, fondée en 1824, et la Société pour l'étude de l'histoire naturelle dans nos cinq départements, la Société pour la conservation des monuments historiques, et surtout les Congrès Scientifiques de France et l'Institut des Provinces, toutes ces institutions fécondes sont dues au génie et au zèle infa-

française a reçu une impulsion si féconde que, dans presque toutes nos villes, chacun à présent peut savoir l'origine, souvent même la date précise des édifices dûs aux âges antérieurs. Après des révolutions qui ont ouvert des voies nouvelles à nos instincts de perfectionnement, à nos élans d'avenir, il était à propos de tourner un dernier regard sur l'art et le génie du moyen-âge et un regard de franche admiration sur ce qu'ils recèlent de grand et de beau. Il serait heureux que l'histoire de son propre pays vint captiver les premières affections d'une génération nouvelle. L'histoire locale, en effet, peut répandre un charme vivifiant de poésie sur tout ce qui nous environne.

Les deux auteurs à qui nous devons le bienfait de notre histoire falaisienne, le savant abbé Langevin, avec sa naïve disposition à recueillir, comme de précieux débris, tous nos souvenirs; M. Galeron, écrivain lucide et ferme, soumettant à un contrôle plus sévère les titres de sa ville d'adoption, ont recueilli et complaisamment accepté plusieurs de nos traditions locales qui ne sont appuyées d'aucun titre conservé ou du moins mentionné, sinon de notes manuscrites; et ces notes paraissent compilées à une époque toute moderne.

Souvent, en relisant ce que nos deux écrivains ont adopté des traditions qui sont liées aux souvenirs de l'un de nos

_____

tigable de M. de Caumont. Le don de sociabilité qu'il possède au plus haut degré, son dévouement simple et sans faste autant que son immense aptitude, l'ont rendu le lien intelligent, l'organisateur tutélaire des hommes d'étude et de science qui, avant lui, étaient épars et isolés dans la Normandie et dans les diverses parties de la France.

ducs, Robert, père de Guillaume, j'ai étudié avec un nouvel effort d'attention les origines locales que l'on rattache à ce règne, quoiqu'avec peu de moyens et d'espoir d'y répandre plus de clarté.

— Quand je voulus, pour la première fois, dit M. Galeron, dans ses Lettres sur les fouilles de Vaston, écrire sur Falaise, il y a sept ans, je trouvai les esprits très-peu arrêtés sur l'époque de la fondation de cette ville. — Ainsi que lui, mettons-nous un instant au point de vue de nos antiquités locales, tel qu'on se l'est fait durant les deux derniers siècles. Cet exposé résume les notions qui avaient cours alors parmi les hommes instruits, et nous soumet la première *origine*, celle du nom de Falaise.

ORIGINE DU NOM DE FALAISE.

Dans la Cosmographie qui parut à la fin du XVIe siècle, François de Belleforest s'exprimait ainsi sur l'origine de notre ville : — le long de la rivière d'*Orne,* s'offre la ville de Falaise, dite ainsi suivant le mot ancien gaulois, à cause des rochers et promontoires qui sont ès entours, et *lesquels on découvre de loin avant du côté de la mer.* Belleforest avait, on le voit, la bonne étymologie, mais il a rédigé cet article sur des renseignements qui lui étaient sans doute fournis par un falaisien alors célèbre; et il a ajouté : — J'ai retiré une autre interprétation de ce docte et rare gentilhomme, Guy Lefèvre, sieur de la Boderie, qui me semble et gentille et pertinente, lequel, comme il est bien versé aux langues et surtout en l'hébraïque, *a trouvé.......* — Suit une étymologie hébraïque. — Au reste, la figure de

Falaise est tout ainsi faite qu'une nef longue et estroicte,
n'ayant que trois rues, deux desquelles la fendent et vont
continuant de l'un bout de la ville à l'autre : là où le château est comme la poupe du navire qui est assis sur un roc
et qui commande sur la ville; estant armé de fossez très-
profonds et ceint de deux estangs, l'un desquels, pour l'in-
finité de sources, ne peut être tary, ni mis à sec aucune-
ment, non pas pesché qu'avec le tramail et filet, tant il est
profond, et l'autre peut estre esroulé et pesché à saisons,
et sur lequel il y a des moulins, l'un pour les foulons,
l'autre pour les esmouleurs de couteaux, desquels on fait à
Falaise des meilleurs qui se voyent en ce royaume. Ce chasteau est très ancien, car en iceluy se tenaient les premiers
ducs de Normandie, y ayant choisi leur demeure; ayant une
grosse tour si haute, belle et ronde qu'on l'estime la plus
belle de France, à l'objet de laquelle on voit une roche qui
l'égale presque en hauteur, et laquelle je pense que soit
cause *que la ville a le nom* de Falaise..... Il y a encore un
donjon fossoyé et aussi fort ou plus que le chasteau, lesquels
on tient que furent bastis par Jules César, pour se fortifier
contre les Gaulois, s'ils remuaient ménage tandis qu'il ferait
le voyage de la grande Bretaigne : « ce que je ne trouve
« point inconvénient : quoique n'ayant aucun auteur qui
« nous en assure. »

Voilà la fausse voie où s'égaraient des hommes de grand
savoir en se détournant de la science réelle du moyen-âge
et faute de s'arrêter aux sources nationales. Mais du moins
des traditions locales eussent-elles pu alors les guider pour
remonter aux vraies origines? On en jugera par le discours
d'un rhéteur falaisien, comme l'appelle M. Galeron, qui

eût pu les recueillir encore un siècle plus tard. Pierre Chancel prononçait un discours latin devant Alexandre de Noir-
ville, lieutenant civil et criminel au siège de Falaise. Il
avait pris au sérieux l'étymologie du savant la Boderie;
mais l'érudition grecque et latine avait alors le pas sur la
philologie hébraïque; le siècle de Bochart et de Huet tou-
chait à sa fin. Cet orateur a été plus loin dans la fiction. Il
affirme que les Falaisiens furent connus des Latins sous le
nom de Falisces ou Falériens. Notre ville était tellement
peuplée avant la fondation de Rome, qu'il en sortit une co-
lonie qui concourut à la conquête de l'Italie. Puis l'ingé-
nieux professeur insérant notre pays dans son Tite-Live,
racontait avec une naïve emphase l'histoire du perfide ma-
gister qui voulut livrer l'élite de la jeunesse falaisienne ou
phalérienne, à Furius Camillus, et le reste que vous trou-
verez dans Tite-Live, décade première. Ce qui suit du roman oratoire de Pierre Chancel est si prodigieux, que l'on
se demande comment de telles énormités ont pu être en-
tendues de sang-froid et même perpétuées par l'impression.
Il en ressortait toujours l'origine romaine du donjon fondé
par Crassus, lieutenant de César.

Faut-il s'étonner après cela de voir à son tour l'excellent
et spirituel auteur des Recherches sur Falaise, tout épris
de l'étude renaissante des origines celtiques, affirmer que
notre ville était dans son principe une enceinte religieuse,
en tête d'un camp construit en forme de navire, symbole
d'*Isis*, à laquelle cette enceinte était dédiée, ainsi qu'à
Bélenus; puis se créer une synthèse de l'état primordial de
ces lieux, qui m'a beaucoup séduit à l'âge de mes premières
études. J'aimais cette merveilleuse rêverie de notre bon et

savant historien. Le scepticisme railleur de ses concitoyens ne détruisit jamais le prestige de ce monde celtique qu'il avait évoqué sur les roches de Noron et de Vaux, ou qui lui fut révélé par cette fée puissante qui sait embellir aussi les visions de l'antiquaire.

On a adopté l'opinion que notre ville tire son nom des *Falaises* ou rochers sur lesquels est bâti le château, et qui la limitent au sud-ouest. Nous la trouvons dans le poète historien de Philippe-Auguste, Guillaume Le Breton, racontant le siège qu'elle soutint dans les premières années du treizième siècle.

Vicus erat scabrâ circumdatus undique rupe ,

C'était une place forte entourée de rochers escarpés ,

Ipsius asperitate loci Falesa vocatus.

Et à cause de l'âpreté de son site nommée Falaise.

Le vieil historien de Caen, le sieur de Bras, dit aussi que Falaise prend sa dénomination de ces grandes roches qu'on appelle falaises, qui l'environnent à l'un de ses faubourgs.

M. André de La Fresnaye a écrit dans le même sens. Enfin M. Galeron, venu au renouvellement de l'étude archéologique du moyen-âge, a coulé à fond l'origine romaine, cette fiction qui attribuait à César la construction de notre château fort ; et l'on s'accorde à reconnaître aujourd'hui dans ce monument l'ouvrage des Normands et l'âge probable du onzième siècle.

III

ST-LAURENT DE VATON.

Dans les lettres que M. Galeron publia, en 1834, dans le *Journal de Falaise*, sur *les fouilles de Vâton*, il a démontré l'existence d'une antique *villa* romaine dans les champs de ce hameau; et il remarque que de très-vieux chemins, conduisant en droite ligne à Assy, à St-Quentin, à Jort, aux Monts-d'Eraines, c'est-à-dire à tous les lieux romains des environs, partent de ce point, où ils semblaient former une sorte d'embranchement.

Quatre ans après, dans un autre écrit, il fortifie ces aperçus par un coup-d'œil plus étendu sur les vestiges romains de notre arrondissement : — les soldats romains avaient leurs campements sur nos collines escarpées du Coquerel, de Moulines, de St-Quentin, des Monts-d'Eraines, tandis que les lieutenants et les riches colons élevaient des *villa* à Jort et à Vâton. Les Alains et les Francs, d'un côté, les Saxons, de l'autre, chassèrent les Romains de ces campagnes. Les premiers durent détruire Jort et Vâton, vers la Dive; les seconds envahirent les bords de l'Orne et le Cinglais.

Ainsi, avant l'établissement Normand, il y eut une fondation romaine à Vâton. Ainsi, au nord, près de l'Ante, peut être un village gallo-romain; et plusieurs siècles ensuite, au couchant, près de l'Ante encore, à l'extrémité du terrain montueux qui renferma l'*oppidum*, une forteresse du moyen-âge. Y eut-il une liaison de l'un à l'autre établissement? C'est le secret enfoui avec les générations

éteintes. Seulement, l'habitation du village dut être aban-
donnée pour le refuge ouvert dans le *Castrum*, qui devint
la ville de Falaise.

Une charte donative, appuyée par un autre acte du
XVe siècle, rémémore, au milieu du XIIIe, le titre de
St-Pierre-de-Vâton, à propos de la cure de l'église Saint-
Laurent. Cette église, matériellement transformée, subsiste
sur une colline, près du cours de l'Ante, au bas de l'enceinte fortifiée de Falaise. Plus rapprochée de la porte
le Comte que du hameau de Vâton, elle lui a cependant
appartenu, puisque, dans les derniers siècles encore, on
écrivait *St-Laurent-de-Vâton*. Dans l'édifice actuel, situé
sur un rocher, M. Galeron a reconnu une chapelle du
XIe siècle. Elle forme à présent la nef; la maçonnerie est
en *arrête de poisson*, le portail est cintré.

Vâton s'est jadis étendu, depuis les champs qui bordent
la nouvelle route de Lisieux jusqu'à la rivière d'Ante qui
coule au pied de son église. Il est aujourd'hui prouvé
qu'avant de devenir un faubourg de notre ville, une paroisse distincte et très-ancienne a existé à Vâton.

L'antiquité évidente de ce lieu d'habitation fournit une
induction favorable à l'opinion qui suppose la forteresse de
Falaise fondée avant la domination Normande. N'a-t-on
pas pu, en effet, présumer qu'elle fût au nombre des places
de notre pays fortifiées au commencement du IXe siècle.

L'abbé Langevin, dans une note de la deuxième partie
de son ouvrage, a exposé une opinion d'une vraisemblance
digne d'attention : on sait que Charlemagne fit bâtir des
châteaux forts sur des hauteurs dans le Bessin, l'Exmois,
la Marche de Séez; et probablement ceux de Falaise, Condé-

sur-Noireau et Vire furent faits à cette époque. C'était non seulement contre le danger des irruptions danoises, mais aussi pour préserver les terres de la Neustrie d'attaques ou d'invasion des habitants de la Petite-Bretagne, nouvellement subjuguée. Mais, dans la suite, ajoute-t-il, ces châteaux servirent aux Normands contre les rois successeurs de Charlemagne.

— Lors des invasions des barbares, les peuples qui demeuraient aux environs de ces châteaux, s'en rapprochèrent pour leur défense, bâtirent leurs maisons auprès, ce qui forma des villes qui furent elles-mêmes entourées de murs, aussi bien que le camp ou le château fort qui était à leur tête. La plupart de ces châteaux ont disparu, et les villes ont demeuré.

Cette opinion, quoique entièrement conjecturale, offre une grande probabilité. Aussi, dans notre sentiment, le château de Falaise aura pu exister avant la domination normande. Mais il dut à ses conquérants, une construction nouvelle, ses fortifications et sa renommée.

Quant à l'édifice dont nous admirons aujourd'hui les ruines imposantes, nous reconnaissons avec M. Galeron (*lettres sur Vâton*) que ce monument n'avait rien de romain. Il y a vu l'œuvre du XIe siècle *dans sa hardiesse et dans sa simplicité*.

Il émit cette idée avec confiance dans la statistique, et personne ne la combattit. Il ajoute, à propos de l'abbé Langevin; — cet esprit doux et inoffensif souffrait la contradiction, sans toutefois revenir de ses idées. M. Langevin tenait moins d'ailleurs à ce que Falaise fût une ville romaine qu'à ce qu'elle fut gauloise. Il persista donc à voir

dans sa ville natale la cité d'Isis, et dans l'église de la Trinité l'ancien temple de cette déesse... — Plus loin, après
avoir indiqué l'âge de nos églises par leur caractère archi-
tectural : — Voilà, disait-il, ce qui m'a donné un peu
d'assurance pour soutenir, contre l'avis de mes devan-
ciers, que Falaise n'était réellement qu'une ville normande.
Ses remparts, ses vieilles tours, ses portes, ses maisons les
plus anciennes, tout cela n'offre aucun signe d'une époque
plus reculée.

FALAISE DANS LE PAYS EXMOIS.

Dans la plaine entre Caen et Falaise, on a reconnu un
ouvrage des Romains, c'est le *chemin Haussé*. Cette voie
partait des bords de l'Orne, aux environs de Caen où
il y avait une rue *Exmoisine*, et se dirigeait vers le
centre du pays Exmois, en traversant une partie de notre
arrondissement ; il servait de communication d'une *villa*
ou station romaine, à une autre.

Il paraît, a dit l'abbé Langevin, dans la IIIe partie de
son livre, que les *comtes d'Exmes* étaient maîtres de Falaise, située sur le territoire Exmois ; d'où l'on a induit
que ce furent eux qui, sous la 1re race de nos rois, forti-
fièrent cette ville ; elle devint la plus forte et la capitale de
ce comté. — L'examen de cette question m'a conduit à
recueillir les primitives annales du comté d'Exmes et de
son antique forteresse. La place de Falaise étant enclavée
dans le pays Exmois, ma première recherche historique a
eu pour objet ce comté d'Exmes. Que le lecteur ne se re-
bute pas de l'aridité de ces deux pages préliminaires ; nous

avions à chercher un indice de notre ville dans les siècles
les moins connus du moyen-âge.

511 — 1026.

Ce pays Exmois qui, selon Huet (*Origines de Caen*),
est celui des *Ossismi* de César, s'étendait entre les rivières
d'Orne et de Dive, depuis leur embouchure à la mer,
jusqu'à leur source, et au-delà de leur source jusqu'à celle
de la Rille.

Il est mentionné dans la première souscription à un concile que l'on ait d'un évêque de Séez, celle de Litarède,
qui, ayant assisté au concile d'Orléans, est désigné *Epis-
copus Oximensis*.

Puis, au milieu du VIᵉ siècle, par l'hagiographe contemporain de saint Germain, voici ce qu'il raconte : —
L'homme saint s'étant un peu détourné de sa route, vint
à Tassilly, où on lui présenta une femme, affaiblie par
deux infirmités, la vieillesse et la cécité. Elle implora le
don de la santé, et le bon évêque, ému de pitié, invoqua
l'aide de Dieu, versa de l'huile sur ses yeux et leur ren-
dit soudainement la vue et la clarté. (Vies des Saints de
l'ordre de saint Benoît).

Par Orderic Vital, dans les détails qu'il rapporte de la
vie de saint Evroul, mort à la fin du VIᵉ siècle. -
Evroul et ses deux compagnons venant d'un monastère du
Bessin, traversèrent le pays *Exmois*, s'arrêtèrent d'abord
à Montfort. Mais parce qu'il se trouvait dans le proche voisinage deux châteaux, Exmes et Gacé, ils s'éloignèrent de
Montfort pour chercher une retraite plus solitaire, et se
fixèrent au fond de la forêt d'Ousche, près d'une source,

où ils bâtirent leur monastère. — La situation de l'antique abbaye de saint Evroul, donne un plus grand poids au témoignage d'Orderic, pour l'histoire de cette contrée : l'existence du château fort du pays Exmois est prouvée par ce passage. Il ajoute que ces *oppida* existaient dès le temps de César, et qu'elles furent, durant des siècles, habitées par des princes.

Et en accord avec l'assertion de notre historien, l'on remarque ce passage sur l'état d'Exmes, antérieur à l'établissement des Normands, dans la vie de l'abbesse Opportune, sœur de Godegrand, évêque de Séez au VIIIe siècle; — leurs parents, issus des princes, étaient supérieurs par leur noblesse, aux autres familles du pays Exmois. — Et ailleurs : l'évêque de Séez, à son départ pour Rome, confie son diocèse à Chrodobert — qui était son parent et comte du pays Exmois. — (Par Adalhelme, évêque de Séez, Bollandistes, sur l'an 770.

Encore, au siècle suivant, on voit l'Hiesmois au nombre des contrées où sont envoyés les *Missi Dominici*, désignés par les Capitulaires, *in Oximo et Lisvino*.

Nous atteignons la fin du Xe siècle ; nous sommes entrés dans la période Normande, et le nom de Falaise n'est pas encore près de poindre à l'horison de ce pays Exmois dont il fait partie. Nos chroniques sont encore muettes sur lui. Déjà, cependant, au milieu de ce siècle, l'*oppidum* Exmois (Guill. de Jum., l. 4), avait soutenu un siége mémorable, ce fut lors de l'invasion de Louis IV. Ayant entrepris d'enlever au jeune Richard la Normandie, il avait donné l'Exmois à Hugues, qui vint assiéger Exmes. Hugues fut repoussé par les habitants, et cet obstacle ar-

rêta l'invasion. Le roi donna au comte de Paris l'ordre
de se retirer, et la forteresse d'Exmes paraît avoir sauvé la
Basse-Normandie des ravages d'une armée ennemie.

Selon l'opinion de M. André de La Fresnaye, le comté
d'Exmes, dans sa nouvelle disposition, date de l'époque
même du partage, en 912. Sous la domination Normande,
ce comté, loin de déchoir, devint l'apanage le plus estimé; et les bourgades qu'il pouvait contenir durent être
augmentées, puis fortifiées, principalement dans le XIe
siècle, sous le duc Robert et son fils. Placé dans le centre
du duché, fécondé par de grands cours d'eau, renfermant
une vaste étendue de forêts, nous voyons le comté d'Exmes,
à la fin du Xe siècle, donné à un frère du duc de Normandie.

Richard out frères è sururs,
Boens chevaliers è biax plusurs;
Asquanz fist cuntes è baruns,
Lur duna terres è mansiuns
A Willealme ad uismes duné,
E il l'en jura fealté,
Fé li plevi, sis huem devint:
Paiz dut tenir, mais poi la tint.

Wace a retracé, dans ces vers, la rebellion du premier
comte normand, d'Exmes, qui nous soit connu. En re-
cevant la couronne ducale, Richard II avait donné le
comté d'Exmes, *Oximensem comitatum* (Guill. Jum.),
à son frère naturel, Willealme, qui voulut se rendre indépendant. Richard le fit rappeler à son devoir, par des
envoyés, puis le vainquit par Raoul d'Ivry, et le retint

captif. Après une réclusion de cinq années Willcalme réus-
sit à s'évader et enfin à obtenir le pardon de son frère. Il
reçut un autre comté, celui d'Eu que lui apporta en dot
Lesceline, fille de Turchetil. Après la mort de son mari,
Lesceline fonda l'abbaye de St-Pierre-sur-Dive.

Onfroy-le-Danois fut alors comte d'Exmes. Une tradition locale recueillie dans les notes manuscrites dont j'ai
parlé, lui attribue l'une des portes de l'enceinte fortifiée
de Falaise. C'est la porte du nord-est, la plus haute et la plus
forte. Elle a toujours eu le nom de porte LE COMTE. Aucun
doute ne s'élève sur cette tradition, et ce serait là le premier indice historique qui unirait notre ville au comté
d'Exmes. — Cette porte, dit M. Galeron, conduisait au
pays hiesmois, et on la nommait *le Comte*, à cause d'un
comte d'Exmes qui la fit bâtir. — Mais l'histoire de Falaise, place forte, s'ouvre et s'éclaire enfin par une lutte
entre deux frères, pareille à celle que nous venons de
voir, entre le duc et le comte. L'existence d'un *oppidum*
nouveau dans le pays Exmois nous est révélée par la révolte de Robert, contre le duc, son frère.

ROBERT, COMTE D'EXMES, A FALAISE.

1026 à 1027.

Richard, le cinquième duc, à sa mort, en août 1026,
donnait le comté d'Exmes à son second fils, Robert.

> Oismes doint à mun filz Robert;
> E se il bien sun frère sert,
> Si cum sun seignur servir deit,
>
> WACE, roman de Rou.

Après environ quinze mois écoulés (1), Robert voulut aussi se soustraire à l'autorité de son frère; mais il choisit, pour y combattre, une autre forteresse de son apanage. Ce comte d'Exmes, qui va devenir duc de Normandie, c'est l'amant d'Herlève et le père de Guillaume. Il serait intéressant pour l'histoire des commencements de notre ville, de pénétrer la cause de la guerre qu'il attira et soutint dans la place de Falaise. J'essaie d'obtenir quelque nouvelle lumière des textes contemporains :

La prise d'armes de Willealme, qui, vers 1003, perdit son domaine par cet acte de félonie et obtint ensuite le comté d'Eu, a bien le caractère d'une révolte d'un baron contre son suzerain :

— Séduit par les conseils d'amis perfides, il rompt le lien de féauté qui l'attache à son frère. (Guill. de Jum., l. 5), et dans la version de Wace :

> Willame fu mult orguillus,
> Pur ço k'il fu chevalerus ;
> Et par lozengiers k'il créi,
> Richart, sun frère, méservi.
> Féluns a traist è cunsenti,
> La guerre ama è paiz haï ;
> A cels des marches s'alia....

Cet événement a été interprété dans le même sens par le savant auteur du tome XI du *Gallia chr.* — Guillaume

(1) Ce calcul chronologique avait eu cours jusqu'à présent parmi nos historiens. Mais une nouvelle étude de ces dates a donné un résultat différent, et le siége de Falaise aurait eu lieu avant même une année accomplie.

avait reçu de son frère la place forte d'Exmes pour garder et protéger tout le pays qui en dépend ; il se révolta contre lui et fut fait prisonnier.

Voici en parallèle les mèmes écrivains sur la rebellion de Robert :

— Le comte, au mépris du droit souverain de son frère, se transporta avec ses hommes d'armes dans la place de Falaise , pour y combattre , *ad resistendum*. Le duc , pour réprimer l'insubordination de son frère , vint assiéger le château *(castrum)*, avec une nombreuse armée. Il était aidé de Guillaume , comte de Bellesme et d'Alençon. Il fit le siége de l'enceinte fortifiée , il battit quelque temps les murailles avec les machines , jusqu'à ce que Robert fût contraint d'abandonner la place. Guill. Jum. l. 6, c. 2.

A Robert , sun frère puisné ,
Si cum li père l'out rové ,
Duna Uismes et altres lieus ;
Ke il numa en plusurs lieus;
Mais ne se volt à ceo tenir,
Faleise li kuida tolir.
Dedenz li chastel s'embasti ,
De homs et d'armes le garni ;
Mais n'i fu mie lunguement ,
Kar Richard vint délivrement,
K'il fist li chastel déguerpir,
È tus sis homs fors eissir.

V. 7415.

On voit que le jeune comte d'Exmes essaya de s'appro-
prier le château de Falaise, qui, évidemment, n'avait pas
été compris dans son domaine. Si Robert n'eût voulu qu'ou-
vrir une lutte contre son frère, et, dans la fougue de
la jeunesse, tenter l'effort insensé de se rendre indépendant, lui seul, sans alliés, pourquoi avoir abandonné sa
forteresse d'Exmes, depuis long-temps éprouvée par de
rudes assauts ? Wace nous répond :

Faleise li kuida tolir.

Ces mots doivent nous éclairer sur le sur le motif réel qui
occasionna le premier siége de notre ville. Je me borne
à rapprocher de l'exposé de cet événement, une page
de la vie privée antérieure du comte d'Exmes : ce
sont les circonstances de l'amour, devenu si célèbre, de
Robert pour la falaisienne Herlève et la naissance de
Guillaume-le-Bâtard.

Robert était maître du pays Exmois, depuis la fin
d'août 1026. Or, depuis l'établissement des *hommes du
Nord* dans les contrées dépeuplées de la Neustrie (*), de
vastes étendues de forêts offraient aux barons Normands,
dans les intervalles des combats, les passe-temps de la
chasse. Robert jouissait de la forêt d'Exmes ; et celle de
Gouffern, qui l'avoisinait, dut l'amener aux environs de
Falaise. Les habitants tuaient un grand nombre de bêtes
fauves dont ils faisaient un commerce de pelleterie considérable.

(*) Les forêts avaient envahi de nouveau des lieux précédem-
ment habités.

M. Couppey, Hist. du départ. de la Manche, au Xe siècle, 1839.

L'attrait d'un récit sans fard et le plus en harmonie avec la vérité, m'engage à copier dans le livre de l'abbé Langevin l'épisode d'Herlève :

— Un jour Robert arrivait de la chasse, l'amour, qui ne s'était pas encore fait sentir en lui, l'enflamma tout-à-coup pour une fort belle, gracieuse et jeune fille qui s'offrit à sa vue. C'était Herlève, fille de Herbert, l'un des pelletiers de la ville. Le comte lui demanda sa fille d'une manière affectueuse, lui promit qu'il n'aurait jamais d'autre femme. Le père, après quelques difficultés, la lui accorda Herlève sut conserver son cœur jusqu'à la fin de ses jours.

Voici, avec son naïf langage, le même récit dans la *Chronique de Normandie*, citée par M. Galeron :

— Advint une fois que le duc Robert estait à Falaise, si vit la fille d'ung bourgeois de la ville, nommée Arleite. Cette fille fut belle, bonne et gracieuse, et pleut merveilleusement au duc Robert, et tant qu'il la volt avoir à amie et la requist moult affectuensement à son père. Cette requeste, le père de prime face ne volt accorder. Et toutes voies fut du duc tant prié et requis que par la très grand amour et affection qu'il vit que le duc avoit à la pucelle sa fille, il y mist son consentement et l'accorda au cas qu'il plairoit à la pucelle à laquelle il le dist, et elle respondit : Mon père, je suis votre enfant, vous pouvez ordonner et je suis prête à accomplir à mon pouvoir votre vouloir. Et quand le duc le sceut si en eut moult grant joie.

Texte de Robert Wace :

A Falcise , out li dus hanté
Plusurs feis i out conversé.
Une meschine i out amée ,
Arlet out nun , de burgeis née.
Meschine ert encore è pucèle ,
Avenanz li sembla è bele.
Menée li fu a son lit.

De leur union naquit Guillaume , à Falaise , l'an 1027.

La *Chronique* , édition de Mégissier , nous raconte à ce sujet un trait bien caractéristique dans sa naïveté ; je reproduirai plus loin le récit primitif de Wace :

— Quand vint le temps que la nature requiert , Arlette (l'an 1027) , enfanta un fils nommé Guillaume , lequel , sitôt que la sage-femme l'eut reçu , fut mis sur un peu de paille. Alors commença l'enfant à pestiller, et à tirer à lui la paille de ses mains , tant qu'il en eut plein ses poings et ses bras. Par ma foi , dit la sage-femme , cet enfant commence bien jeune à acquérir et à amasser.

A ces tableaux ingénus , d'une impérissable fraîcheur, l'histoire fait succéder une série de luttes sanglantes. Dans l'amant d'Herlève , il nous faudra reconnaître l'un de ces types d'ardeur guerrière et de cruelle énergie qui ont produit dans l'imagination des poètes et des peuples la légende de Robert-le-Diable.

Je vais indiquer les principaux événements de ce règne si court , — sept ans , — et tout rempli d'expéditions militaires.

LE DUC ROBERT. — SON RÈGNE.

— Nous ne pouvons découvrir, a dit M. André de La Fresnaye, si c'est avant ou après la naissance de son fils, que Robert fut assiégé par son frère, qui le renvoya dans sa ville d'Exmes.

L'auteur du tome XI du *Gallia chr.* dit que Guillaume était fils d'Herlève et de Robert, *alors comte d'Exmes*, mais, l'an suivant, duc de Normandie.

Le père d'Herlève, originaire de la Belgique, s'était établi à Falaise, où il était tanneur et pelletier (*pelliparii, Belgiæ*), son nom était Herbert et celui de sa femme, Doda ou Dieudonnée.

Le lieu précis et la date de la naissance, à Falaise, du fils d'Herlève sont restés enveloppés d'obscurité. Mais cette obscurité même semble prouver que Guillaume *naquit* avant l'avènement de son père au pouvoir ducal. Les faits de la vie du comte d'Exmes, alors concentrés dans une bourgade, n'attiraient point l'attention du pays, gouverné par son frère.

Tout nous porte à croire que le fils de Robert naquit à l'époque du siége de Falaise et peut-être même durant ce siége. Aussi, l'opinion qui le ferait naître dans la forteresse, ne peut supporter un examen attentif. Cette opinion n'a peut-être jamais été qu'une illusion. Quand le silence de l'histoire nous réduit à des conjectures, l'esprit se tourne instinctivement vers la plus vraisemblable : tout s'accorde à nous persuader que le berceau de Guillaume fut dans la famille de sa jeune mère.

Nous avons vu que le duc était accouru pour assiéger la ville, et même avec les forces militaires d'un de ses plus puissants barons.

La place, pressée par ce rassemblement de troupes, s'était rendue, Robert s'était soumis : les deux frères étaient réconciliés.

Richard ne survécut que peu de jours au succès de ses armes. Il mourut à Rouen, le 6 août 1027. Plusieurs barons moururent en même temps; et cette mort fut tellement soudaine et imprévue qu'elle fut attribuée à un empoisonnement. On n'a pas, et l'on ne saurait trouver dans l'histoire, a dit M. Louis Dubois, de preuves qui. aient confirmé ce soupçon.

Robert lui succéda. — L'abbé Langevin commence l'exposé de son règne, en ces mots : — Ce prince, surnommé *le diable*, à cause de ses vivacités et de ses méchantes prouesses, était appréhendé de toute la Normandie...

On lit dans notre vieil historien, Dumoulin : — Ce prince ne démentit pas la piété de ses ancêtres, fut bénin et doux à ses amis, mais un lion dans les feux de sa colère, et, *comme les romans l'ont appelé*, un vrai ROBERT-LE-DIABLE.

Après avoir fait reconnaître son autorité à son oncle, comte d'Evreux, Robert tourna ses armes sur Guillaume Talvas, comte de Bellesme et d'Alençon. Il lui reprochait d'avoir accompagné le duc Richard au siége de Falaise et d'avoir contribué à la prise de cette ville. Il marcha, vers 1029, contre Guillaume Talvas, qui, assiégé à son tour dans Alençon, fut forcé de se rendre, avec une condition humiliante. Il lui fallut venir au devant du vainqueur, nu-pieds, en chemise et portant sur le dos une selle de cheval. C'était moins l'hommage exigé d'un vassal rebelle envers son souverain qu'un outrage dicté par un ressentiment personnel. Aussi, et avec un tel adversaire, la guerre ne devait pas tarder à se rallumer ; Talvas éprouva un second échec décisif.

Voici un exploit qui se lie à l'histoire générale du XIe siècle.

Baudouin, le Barbu, comte de Flandres, était détrôné par son propre fils, il était fugitif et proscrit. Il vint en Normandie implorer le secours de Robert ; et celui-ci, après quelques batailles où la victoire fut chèrement achetée, et des ravages exercés sur le territoire disputé, parvint à rétablir le comte dans sa souveraineté.

La rapide carrière de Robert fut signalée par des actes d'une grande puissance militaire, préludes du règne de son fils Guillaume : c'est le roi de France lui-même, qui, dans la détresse, se rend, en 1031, à Fécamp où le duc résidait alors. Robert ne lui fait pas attendre ses secours. Comme ravi d'une si belle occasion, il se met à la tête de ses terribles Normands et pénètre sur le territoire français. — Il fit, dit le savant écrivain que j'ai cité plus haut, — suivant les habitudes de ce temps, une guerre d'extermination qui força bientôt à la soumission ceux des rebelles qui n'étaient pas tombés sous le fer. Henri remonta sur le trône et céda, en récompense, à son allié, plusieurs de ses places frontières.

Alain III se regardait comme souverain indépendant de la Bretagne ; le duc de Normandie exigeait l'hommage de ce pays. Robert fit, selon l'expression pittoresque de M. Couppey, *une chevauchée* en Bretagne. La ville de

Dol fut prise et incendiée. Au bout de quarante jours, le duc ramena son armée chargée de butin. Par la suite, Alain devint pour lui un allié fidèle.

On lit dans l'histoire du Duché, la une tentative de Robert, en 1034, pour soumettre l'Angleterre aux deux fils d'Ethelred, ses cousins.

Cette expédition maritime eut pour résultat une attaque sur les côtes de la petite Bretagne.

— L'an 1035, il entreprit le voyage de la Terre-Sainte, espèce de satisfaction expiatoire que s'imposaient alors la plupart de ceux qui voulaient faire pénitence. (*Langevin, R. Hist.*, 2 *p.*)

Avant de quitter ses états, Robert avait assemblé ses barons à Rouen, et leur avait proposé de reconnaître Guillaume pour son successeur. La chronique rapporte les paroles suivantes du duc :

— J'ai un petit bastard qui croistra si Dieu plaist; de la preudomie duquel j'espère beaucoup. Je ne suis en doute qu'il ne soit mon fils, pour ce vous prie de le recevoir à seigneur, et dès à présent je le saisis devant vous de la duché comme mon héritier. — Il confia le gouvernement de la Normandie, pendant son absence, au duc de Bretagne, Alain.

J'extrais du livre de l'abbé Langevin l'histoire du pélerinage de Robert; il a fidèlement reproduit dans sa narration le récit original de la *Chronique* :

Le portier d'un enclos par lequel il passait avec ses compagnons de voyage, le voyant aller avec son hourdon, le dernier de tous, lui appliqua, pour le faire avancer, un si fort coup de bâton sur les épaules, qu'il le fit

chanceler. Les Normands indignés allaient faire main-
basse sur le portier, mais le duc s'écria : « Ne lui faites
aucun mal. Il est raisonnable que pélerins souffrent pour
l'amour de Dieu. J'aime mieux le coup qui m'a été donné,
que ma cité de Rouen.

— ...... il se montrait magnifique et grand envers tous
les princes chez lesquels il passait; ... mais en approchant
de Jérusalem, il voulut se confondre au rang des autres pélerins, marcher pieds nus comme eux et sans aucune mar-
que distinctive.

Quand le duc fut arrivé au pays des Sarrasins, il tomba
malade par les fatigues du voyage, et ne pouvait aller ni à
pied ni à cheval. Il se fit porter dans une litière, par seize
pauvres Sarrasins, qui le portaient quatre à quatre, à leur
tour. Alors, un pélerin de Normandie, qui revenait de la
Palestine, le rencontra, le salua, et lui demanda s'il n'avait
rien à mander à son pays. « Tu diras, dit le duc, à mes
gens et à mes amis, que tu m'as ici rencontré, où quatre
diables me portaient en paradis. Tu vois comme les infi-
dèles me portent à Jérusalem où Dieu fut né. » Alors le duc
fit donner de ses deniers au pélerin, qui fut satisfait et prit
congé de lui.

Le duc arriva à Jérusalem avec sa compagnie, fit de
grandes offrandes au saint Sépulcre, et fut magnifique envers les pauvres de ce pays.

L'histoire de Normandie de Th. Licquet (Rouen, 1835)
contient un trait intéressant du pélerinage de Robert, et
capable de justifier son surnom de Libéral.

— Il arrive aux portes de Jérusalem. Une foule de péle-
rins stationnait en dehors des murs, parce qu'ils n'avaient

point à offrir le bezan d'or exigé par les Mohamedans. Ils abordent Robert avec des gémissements et le supplient de lever l'obstacle qui leur interdit encore l'approche du Saint-Sépulcre. « Par le cœur de mon ventre ! s'écria le duc normand, si j'entre dans la ville, ces gens-là ne resteront pas dehors ou bien les bezans me manqueront. » Il tint sa promesse, paya pour tous et les fit entrer devant lui. On ajoute que le Turc commandant à Jérusalem, ne voulant point demeurer en reste de générosité avec son nouvel hôte, lui fit rendre tout l'or qu'il en avait reçu ; mais Robert n'acceptait point de présents pour lui-même, et la somme entière fut répartie entre les pauvres pèlerins.

Après quelques jours de repos, il revint à Nicée, en Bithinie. Là il prit un mauvais breuvage, dont il mourut. Son corps fut enterré dans l'église de Nicée, le 2 juillet 1035.

Il est à propos d'ajouter que, suivant quelques chroniques, il fut inhumé, à Nicée, dans la basilique de Sainte-Marie, où, avant lui, l'on n'avait accordé à personne l'honneur de la sépulture.

Guillaume fit depuis enlever les restes de son père pour les placer aussi dignement en Normandie ; mais les officiers chargés de cette pieuse commission ayant, à leur retour, appris dans l'Apulie la mort du Conquérant, s'y arrêtèrent et là ils donnèrent la sépulture aux cendres de Robert.

Le duc avait acquis de précieuses reliques qu'il envoya à l'abbaye de Cerisy-la-Forêt, près St-Lo. Il avait rétabli ce monastère détruit par les premiers Normands. Toustain, son chambellan, les y déposa.

Sous ce règne, la Normandie, comme plusieurs autres contrées de la France, fut désolée par une famine, dont les détails sont effroyables. M. L. Dubois rapporte, d'après un historien contemporain, que la terre, si mal cultivée alors, et d'ailleurs glacée par des pluies intempestives et prolongées, ne fournit pendant plusieurs années que d'insuffisantes récoltes et des grains pourris avant leur maturité.

MONUMENTS ET FONDATIONS

Qu'on attribue à ce règne.

M. Galeron rapporte à ce règne la construction de l'ancien édifice de l'*église St-Laurent*, dont on reconnait les restes d'architecture romane.

— La petite église de ce faubourg, dit M. de Caumont dans sa Statistique Monumentale, s'élève sur un promontoire de grès schisteux qui borde la rive gauche de l'Ante. Elle est aujourd'hui tout-à-fait irrégulière ; mais on reconnait la simplicité du plan primitif. La nef, partie la plus ancienne, doit dater du XIe siècle.

Le portail est orné de tores, d'un rang de billettes et d'un rang d'étoiles, qui reposent sur une tête formant console. Les tores sont sur une colonne à chapiteau simple.

Hormis les additions et les reprises qu'il a reçues, le chœur pourrait dater du XIIe ou du commencement du XIIIe siècle.

J'ai cité, dans les premières pages de ce travail, l'opinion de M. Galeron sur l'architecture de notre *donjon* : il y a vu

l'œuvre du XIe siècle. M. de Caumont, dans son examen
du château, et à propos des fenêtres au nord-est, semble
indiquer une époque différente à cet édifice. — Pour admettre, dit-il, que l'une de ces fenêtres soit celle indiquée
par la tradition sur Arlette, il faut admettre aussi que le
château n'a pas été refait au XIIe siècle, comme on pourrait
le supposer ; — et il cite un passage de la chronique de Robert du Mont sur les travaux de fortifications faits par
Henri Ier, à Gisors, Arques, Falaise, Argentan, Exmes et
Domfront.

Mais il ajoute : — Cependant comme il peut ne s'agir,
en ce qui concerne Falaise, que de travaux faits aux murs
d'enceinte, de simples réparations du donjon ou de constructions accessoires, nous n'osons la ranger avec celles du
XIIe siècle.

Cette expression réservée de l'habile archéologue ne peut
donc détruire l'opinion énoncée par Frédéric Galeron,
en 1834, avec la maturité d'une étude longue et appro-
fondie.

Je reproduis en partie la suite de cet article sur le château de Falaise, dans la Statistique Monumentale :

— Placé sur un promontoire de grès quartzeux, il présente, vu dans son ensemble, une grande enceinte allongée
et garnie de tours circulaires, ayant son entrée principale
en regard de la ville, sur un terrain en pente.

Cette enceinte, dont les murs et les tours ont été abaissés,
renfermait, à l'extrémité du promontoire, le donjon et son
enceinte particulière. La plus grande partie des murs de la
place ne paraît pas remonter à une époque aussi ancienne
que le donjon, et des reprises y ont été faites depuis.

Le donjon est assis sur une proéminence de grès, au bord du précipice qui sépare la ville des énormes rochers de Noron, il offre une masse carrée ayant un peu plus de diamètre de l'est à l'ouest que du nord au sud. On y accédait par une pente naturelle, et par un escalier extérieur dont l'abord était défendu par des ouvrages détruits.

En entrant dans cette citadelle, on voit une vaste pièce ayant pour limites les murs de la forteresse. On ignore si, dans l'origine, elle était divisée; il devait au moins se trouver là une grande salle pour les réunions, et l'on remarque dans le mur occidental une cheminée qui pouvait servir à échauffer cet appartement, que l'on retrouve dans presque tous les donjons.

La façade nord du donjon est percée de trois fenêtres, celle du sud de deux fenêtres seulement. Ces fenêtres à plein cintre et assez élégantes étaient subdivisées en deux comme celles que l'on remarque assez souvent dans les tours de nos églises du XIe et du XIIe siècles.

Du côté du sud, un corps avancé de maçonnerie lié au carré, et appliqué contre lui, depuis l'angle sud-est jusqu'au milieu de la façade méridionale, renfermait une petite chapelle.

Et à l'angle nord-est du donjon, existe un escalier pratiqué dans l'épaisseur du mur et par lequel on descendait dans des appartements souterrains, aujourd'hui murés.

On remarque encore, dans le mur de l'ouest, deux petites pièces voûtées dont la plus grande n'a guère que sept pieds sur six.

Il faut, dit encore M. de Caumont, limiter à ces bâtiments l'ancien donjon du château de Falaise; la belle tour

cylindrique qui l'avoisine, et les constructions supplémen
taires adossées au mur occidental, ne sont pas d'une époque
reculée.

La grande cour ou première enceinte du château renfermait des constructions, dont un reste de cintre subsiste en-
clavé dans le mur, près de la porte du réfectoire du collége.
L'on y voit encore une chapelle, dont la plus grande partie
peut appartenir au XIIᵉ siècle. Elle eut, dans ces premiers
temps, le titre d'église paroissiale.

Si l'on s'accorde à reconnaître dans notre donjon l'œuvre
du XIᵉ siècle, ne devrait-on pas le rapporter soit au règne
de Robert, soit à celui de son fils? C'est, en effet, à partir
du règne que nous avons esquissé, que Falaise a rempli sa
destinée de place forte : elle devint dès-lors le point central
des principales opérations militaires.

— Si l'on en croit l'ancien manuscrit de Falaise, a dit
M. Galeron, le duc Robert fut le fondateur de la foire de
Guibray, et il l'établit sous les murs du château, au-delà de
l'étang, et sur les champs voisins de l'hôpital actuel. Cette
opinion paraît fort ancienne dans le pays, et quoique dé-
pourvue de preuves authentiques.........

Une autre tradition locale, publiée par l'abbé Langevin,
et que M. Galeron a reproduite au début de ses travaux sur
Falaise (Statistique, I.), attribuait aussi aux bienfaits du
duc Robert ces belles fontaines qui sont un des plus précieux avantages de notre ville.

Elle possède en effet, depuis des siècles, neuf fontaines
publiques dont les eaux viennent de celle de Crécy qui
prend sa source à une demi-lieue, vers le midi. Ce fut, selon
le manuscrit cité, le duc Robert qui les fit venir dans des

auges ou acqueducs de pierre joints et cimentés ensemble.
Dans la suite, à partir d'un regard qui se trouve au haut
d'une prairie de la Courbonnet, les auges furent remplacées
par un fort tuyau de plomb qui s'avance dans la ville.

Enfin, ce fut aussi, dit M. Galeron, le duc Robert qui
fonda le premier hôpital, si l'on en croit les manuscrits ; et
quoique M Langevin ait soutenu qu'il n'a point existé
d'établissement de ce genre à Falaise, avant 1127, on
peut penser..........

On voit que les origines les plus intéressantes de notre
ville ont été rapportées au règne de ce duc qui, le premier,
la tira de son obscurité. Si cela n'est pas authentique, cela
est du moins logique.

ORIGINES DE NOS PAROISSES.

Antiquité de Guibray. — Les Foires et les Fêtes patronales.

L'acte le plus ancien que je connaisse, où il soit fait
mention de quelques établissements de Falaise, est de la
seconde moitié du XIe siècle. C'est la charte de fondation de
l'abbaye de Ste-Trinité, de Caen, par le duc Guillaume,
1066. On y voit Stigand, de la maison d'Odon, de qui la
fille se consacrait à la vie monastique, lui constituer en
dot — les églises de Falaise avec leurs dîmes et leurs sé-
pultures, et de plus un moulin ; puis dans le village nommé
Guibray, une église, avec la dîme ecclésiastique de ce
village et les droits de sépulture.

Nous pouvions espérer trouver là un renseignement précieux sur la foire attachée à l'église de Notre-Dame-de-Guibray, qui eût dû faire partie de cette donation. Il ne manque pas, en effet, d'exemples contemporains de donations semblables qui comprennent l'abandon du droit seigneurial sur une foire dépendante d'une église.

Ainsi, dans une charte de 1076, pour la fondation à Perrières d'un prieuré, faite par Richard de Courcy et Gandelmonde, sa femme, ce baron donne une église bâtie sous l'invocation de saint Vigor, non loin de la Dive. Le religieux qui a rédigé cette donation, a eu soin d'y mentionner la foire, *feriam*, qui formait annuellement une assemblée en ce lieu, à la fête de saint Vigor.

Un autre exemple, d'une date plus reculée, serait celui du duc Richard, qui, en 1024, donna à l'abbaye de Saint-Vandrille la plus ancienne foire de Caen, dite *du Pré*, qui commençait au 9 octobre (St-Denis) et durait huit jours.

Je crois devoir signaler encore, dans une charte du siècle suivant (Manuscrit de l'abbé Hébert), la cession gratuite par Robert de Grentmesnil, à l'abbaye de St-Evroult, de tous ses droits sur la *foire* de Norray, qui se tenait à la *fête* de saint Gilles.

Les fêtes rurales se sont conservées jusqu'à nos jours sous cette forme d'*assemblées* ou fêtes *patronales*. C'est ainsi qu'une réunion commerciale a primitivement confondu son nom dans celni d'une fête religieuse qui déterminait vers une église le concours de la population de toute une contrée.

— Le mot foire on férie, *feria*, signifie fête, parce que les foires ne se tiennent qu'aux endroits où l'on célèbre certaines fêtes. (Ferrières, Dict. jurispr.)

La charte de l'abbaye de Caen, que j'ai citée, reçut un complément, l'an 1082. La duchesse Mathilde, qui prend dans ce second acte le titre de reine, obtint, à prix d'argent, le consentement de Guillaume de Briouze, à la donation dotale de Stigand. Ne serait-ce point parce que Falaise, dans le partage normand, aurait été comprise dans le pays du Houlme, dont elle serait ainsi devenue la capitale? Ce pays du Houlme s'était formé d'une portion de l'Exmois et de la partie ouest de la contrée d'Essey ou de Séez.

Cette notion nous donnerait plus de facilité à concevoir, bien que les droits seigneuriaux sur nos églises appartinssent à Stigand, comment elles se trouvaient néanmoins sous la juridiction du baron de Briouze. Au reste, ceux de nos aïeux qui n'ont pas eu connaissance de cette charte devaient voir avec étonnement leurs pasteurs présentés par l'abbesse de Ste-Trinité de Caen. Durant sept siècles, cette haute et puissante dame a nommé en quelque sorte les curés de nos trois paroisses. Le lien de cette dépendance féodale ne s'est dénoué qu'en 91.

PAROISSE DE ST-GERVAIS.

Les Eglises.

Tout nous autorise à croire que l'une de nos églises, mentionnées dans cet acte, n'était qu'une chapelle ducale peu d'années encore avant l'époque de cette disposition féodale. Cette chapelle, alors dédiée à saint Jacques, était située en face des maisons qui appartenaient au duc Guillaume sur la place du marché ; elle dépendait du manoir dans lequel il fut élevé. Une tradition, que nous devons recueillir avec confiance, nous apprend qu'il la donna aux habitants pour former leur seconde paroisse.

C'est le seul don de l'illustre bâtard à sa ville natale, qui nous paraisse constant et avéré. Il fut éloigné d'elle lorsqu'il n'était encore âgé que de sept ans. S'il revint plus d'une fois se jeter dans son nid d'aigle, ce fut lorsqu'il était poursuivi par les ennemis qui assaillirent son adolescence.

Cette chapelle, devenue paroissiale, fut réédifiée et consacrée sous l'invocation des saints Gervais et Protais, patrons de l'église diocésaine, l'an 1126, en présence de Henri Ier.

Les termes d'une charte donnée par son successeur, trente ans après, nous font présumer que ce prince établit alors pour la nouvelle paroisse une *foire* de sept jours, à la fête patronale du mois de juin.

L'existence antérieure de l'église Ste-Trinité est attestée par l'insuffisance de la chapelle du château-fort pour la population de la ville, et par la mention dans une chronique locale, du XIIe siècle, d'une rue dite des Prêtres (*), qui était alors proche de l'église Ste-Trinité.

Je vais puiser dans la *Statistique Monumentale* de M. de Caumont, les traits les plus remarquables de l'architecture de l'*église St-Gervais*.

Le côté droit de la nef, composé de six arcades, appartient au style roman secondaire. Ces arcades cintrées reposent sur des colonnes dont deux sont de l'époque ogivale.

Du côté du sud, la nef présente sous la corniche et au

_____

(*) *In vico Sacerdotum.* Ancien Rôle du monastère de St-Jean.

3

sommet des murs latéraux extérieurs, des modillons sculptés, aussi dans le style roman.

La tour romane est décorée sur chaque face de quatre arcatures très-longues. A l'intérieur de l'église, on voit qu'elle repose sur des arcs en ogives, évidemment d'une époque moins ancienne, il aura fallu faire une reprise en sous œuvre qui dut demander de grandes précautions.

La grande fenêtre de l'ouest, ornée de zigzags, d'un travail élégant, révèle l'architecture romane de transition.

Les autres parties de l'église sont de diverses époques, le côté gauche et les bas-côtés de la nef sont du XIIIe ou du XIVe siècle. Le chœur au lieu d'être le prolongement parfait de la nef, offre une légère inclinaison à droite. Il offre tous les caractères du style ogival du XVIe siècle.

L'ÉGLISE STE-TRINITÉ a été décrite dans la *Statistique Monumentale* par un antiquaire falaisien, M. Renault, ami de M. de Caumont. Je résume son appréciation en peu de mots :

L'église Trinité appartient tout entière à l'époque ogivale. La nef transversale ou transept est du XIIIe siècle. C'est la partie la plus ancienne de l'église. Ses fenêtres à ogives sont étroites et garnies de tores.

Le chœur, la nef et les bas-côtés sont du XVe et du XVIe siècles ; ils sont éclairés par de grandes fenêtres ogivales, dont quelques-unes sont à meneaux, dans le style flamboyant, d'autres à compartiments dans le style de la Renaissance.

Le portail est une œuvre du XVIe siècle.

ORIGINE DE GUIBRAY.

Son Eglise.

La vraie étymologie de Guibray, adoptée par M. Galeron, est *Wibraia*, qui signifie boue blanche. Cette dénomination, d'une composition hybride, se sera formée par la prononciation de Gui pour *Wi* et Bray pour *braia* : *Ecclesiam Wibreii...*, *in villâ quœ dicitur Wibraii*. (Chartes de l'abbaye de Caen, 1066 et 1082.)

L'abbé Langevin rapporte une origine légendaire de Guibray, sans nous indiquer la source d'où il l'a tirée. Il nous a appris que l'église de Guibray fut bâtie, vers l'an 720, dans un bois de châtaigniers et de chênes au lieu où une statue fut découverte tenant un enfant entre ses bras.

Était-ce là une tradition locale qui eût pu être fidèlement transmise d'âge en âge et enfin consignée dans ces notes ? ou bien, n'est-ce pas plutôt une de ces légendes qui abondent dans le moyen-âge et qu'une piété crédule adoptait avec une sympathie inépuisable. Nous voyons en effet une pareille légende se reproduire également dans les souvenirs traditionnels de diverses localités de la Normandie, avec les circonstances merveilleuses d'un mouton qui gratte la terre et indique par ses bêlements la statue enfouie, au berger, qui creuse avec sa houlette pour la découvrir. Je citerai pour exemple Notre-Dame-de-la-Coulture, à Bernay (Eure). On entreprit de la bâtir sur un emplacement plus éloigné du terrain où le mouton avait fait découvrir la statue de la Sainte Vierge. Mais les matériaux se trouvaient chaque nuit reportés par une force mystérieuse , au lieu primitif où la statue avait été trouvée.

Cette découverte d'une statue dans une forêt de Guibray, à la date de 720 , est un fait trop miraculeux pour que l'historien puisse l'admettre sans quelques murmures de sa conscience. Cependant , à la réflexion , il trouvera une cer taine probabilité à l'origine d'un village, dans la proximité d'une place forte, qui s'est formé par groupes, aux environs d'une chapelle sur laquelle une pieuse tradition aurait répandu son prestige tutélaire. Toutefois cette légende eût acquis plus de vraisemblance à être rapprochée de deux siécles. Le fait aurait pu paraitre simple et vrai après l'invasion normande. J'ai emprunté à l'histoire d'une autre province une origine traditionnelle qui me semble pouvoir, par analogie, jeter quelque lumière sur celle de Guibray.

Une forêt de châtaigniers couvrait , au Xe siècle , le terrain où s'est élevé une partie de la ville de Provins. Au milieu de cette forêt, il y avait une petite chapelle de Saint-Médard , où des moines bénédictins , fuyant la persécution des Normands, étaient venus, en 845, enfouir les restes du martyr saint Ayoul. Ces reliques, retrouvées à la fin du Xe siècle , attirèrent de nombreux pélerins, qui coupèrent les châtaigniers, s'en firent des habitations et transformèrent ainsi la forêt en une ville, aujourd'hui très-peuplée, la ville basse de Provins où le nom du saint martyr est encore honoré d'un culte.

Je reprends le récit de notre naïf et spirituel annaliste : « Une chapelle , nous dit-il , s'éleva pour la statue miracu-leuse ; ce qui ne manqua pas d'attirer de nombreux péle-rins, chaque année, le 15 août, jour de l'Assomption. Il y venait des marchands d'images, de sculptures et beaucoup de colporteurs. » Cette question historique a été effleurée avec si peu de gravité que l'auteur de la *Statistique* ajoute même que « l'on y vendit d'abord des chapelets et des livres de prières. »—Et l'affluence devenant considérable, les marchands y arrivant en foule, le duc Robert *eut l'idée* d'établir une foire régulière. Il la plaça sous les murs de son château, où elle se maintint jusqu'au temps de son fils Guillaume.

« Ensuite les châtaigniers et les chênes furent abattus pour les réparations des maisons de la ville et pour la construction des maisons de ce faubourg. »

L'architecture de l'église de Guibray méritait l'attention de l'auteur de la *Statistique monumentale du Calvados*, qui en a donné une description étendue. Je vais reproduire les traits caractéristiques de son âge.

— Le chœur, dit M. de Caumont, doit remonter au XIe siècle, il se termine par une abside circulaire répondant à la grande nef et par deux absidioles répondant aux bas-côtés; c'est la partie la mieux conservée à l'extérieur; les cordons, les fenêtres, la corniche ont conservé leur caractère sans altération. Le reste du chœur et le transept sont de la même époque, sauf les retouches, les reconstructions et l'élargissement des fenêtres.

La nef annonce le XIIe siècle, elle appartient au roman de transition, les arcades intérieures en sont soutenues par douze piliers garnis chacun de huit colonnes; l'ogive commence à s'y montrer; on la trouve aussi dans les fenêtres qui éclairent l'édifice au-dessus des arcades.

Dans le portail, l'archivolte ornée de palmettes et de

losanges, repose sur des colonnettes à chapiteaux, dans lesquels domine le système végétal de la fin du XIIe siècle. L'entablement qui surmonte les colonnes et forme l'imposte est garni d'un feston remarqué dans beaucoup d'églises romanes de l'arrondissement de Falaise.

Une fenêtre ouverte dans la partie supérieure de la façade présente une ogive de transition.

Ainsi cette église, commencée par le chœur au XIe siècle, fut terminée par la nef dans le cours du XIIe.

LES FOIRES DE FALAISE:

Celle de Notre-Dame de Guibray.

Dans l'*Annuaire* du département, au début de l'excellente notice historique qu'il a consacrée à notre ville, M. Boisard s'exprimait ainsi : — L'histoire, qui ne repose que sur des faits, n'admet qu'avec défiance, ceux qu'à défaut de monuments authentiques, la tradition nous a légués. — Et cependant, quelques pages plus loin, il reproduit, comme des faits bien certifiés, la tradition sur l'origine de la foire de Guibray que nos deux historiens ont reproduite. Nous avons lu dans la notice de l'*Annuaire* : — La foire de Guibray, célèbre dans toute l'Europe, remonte, selon toute apparence, aux premiers temps de la domination des Normands. Robert ordonna qu'elle se tiendrait sous les murs du château. Guillaume, son fils, la transféra ou la rétablit à Guibray.

Une étude attentive m'a permis de reconnaître, bien avant

l'époque où les premières lumières de l'histoire et des monuments écrits attestent l'existence de la foire de Guibray, celle d'une foire primitive de la ville.

Le *Pré St-Michel* était son emplacement, et elle paraît antérieure à l'an 1127.

Ensuite nous avons pu acquérir, dans le texte de deux chartes du XII° siècle, la certitude de l'établissement de nos trois anciennes foires qui subsistent encore aujourd'hui. Ce sont celle de la paroisse St-Gervais, sur l'emplacement du marché.

Puis celle des chanoines de St-Jean, ou la foire Saint Michel, à la fin de septembre.

La troisième fut accordée à l'hôpital des lépreux, à Guibray, et se tient encore trois semaines après celle de la *Notre-Dame*.

Ces trois foires, que nous voyons, au bout de six siècles, bien réduites et bien déchues, ont eu une importance bornée, mais que l'on ne saurait nier, et cela à une époque où l'on suppose l'existence déjà florissante de celle de *Guibray*.

La fondation du premier hôpital de Falaise, de même que l'établissement de l'une de nos anciennes foires, se rattache aux commencements du monastère de St-Jean, dans la première moitié du XII° siècle.

L'on sait qu'avec le XII° siècle se clôt la période du Duché.

Au XIII° commença pour notre cité une ère de prospérité moins périlleuse. L'inestimable don de la Commune échappa, en notre faveur, des mains défaillantes du dernier duc Anglo-Normand (1).

(1) En 1203, Falaise, érigée en commune, obtint de Jean-

Le père de Guillaume avait fait de Falaise une place de guerre. Son fils l'avait rendue le point central de plusieurs grandes opérations militaires.

Sous les ducs-rois Anglo-Normands, elle était devenue une ville forte et renommée. Son destin devait encore s'améliorer : en 1204, elle fut réintégrée dans le royaume de France ; et c'est alors, selon mon sentiment, que dut commencer l'ère de richesse et de célébrité de notre foire de Guibray, dont le renom commercial s'étendit jusqu'aux limites de la France.

Extrait de l'Annuaire du département du Calvados:

J'extrais de l'*Annuaire* (1833) de M. Boisard, la peinture de l'effet romantique de notre Donjon et du Val-d'Ante. La bienveillance de l'auteur pour moi, durant plusieurs années de résidence à Caen, m'est encore présente en copiant ces deux belles pages.

LE CHATEAU.

La chaîne des rochers de Noron, brusquement scindée par le faible ruisseau de l'Ante, se relève tout-à-coup en escarpements formidables sur lesquels est assis le château de Falaise, comme l'aire d'un aigle au sommet d'une montagne. Les pans brisés de ses épaisses murailles, ses fenêtres étroites et à plein cintre, ses angles échancrés, sa tour

Sans-Terre des franchises et des privilèges, à la vérité révocables, mais qui furent confirmés peu de temps après par le roi de France.

bâtie par les Anglais rappellent ce moyen-âge si grand et si barbare, si aventureux et si précaire, et qui nous a légué tant de souvenirs. C'est là que naquit ce Guillaume dont le nom devait remplir le monde. Sa grande ombre plane encore sur ces ruines et les empreint d'une majesté sauvage dont huit siècles n'ont pu ternir l'éclat, mais il n'y a de durable que la gloire ; ses instruments et ses trophées même n'ont qu'un temps. Au lieu des casques de fer, des panaches et des haches d'armes qui étincelaient autrefois sur les creneaux ou à l'orifice des meurtrières, on n'aperçoit aujourd'hui que des violiers jaunes et des œillets saxatiles qui s'attachent à ces murs dégradés comme des couronnes d'or et de rose tombées de la corbeille d'Arlette.

LE VAL-D'ANTE.

Le Val-d'Ante n'est, à proprement parler, qu'un village composé de plusieurs hameaux ; mais les accidents de son site escarpé et rocailleux, les terrasses de la ville qui le dominent au midi avec leurs maisons à tourelles, le plateau des bruyères qui s'élèvent au nord, ses rues ou plutôt ses sentiers tortueux, ce ruisseau qui, de réservoir en réservoir et de cascade en cascade, s'écoule péniblement en alimentant une foule d'usines, rendent ce quartier singulièrement pittoresque et animé. Que si l'on ajoute aux agréments de sa position ces hautes murailles qui s'élèvent à l'occident du vallon comme pour en défendre l'entrée, on conviendra que peu de lieux l'emportent sur le Val-d'Ante, et que les regards de l'historien, du poète et du peintre s'arrêteront toujours avec délices sur cet agreste et riant paysage.

RÉSUMÉ HISTORIQUE.

NAISSANCE DE GUILLAUME.

Au terme de cette étude, il doit rester évident pour nous que notre ville dut ses premiers développements à la présence de Robert, frère du duc Richard, dans son enceinte, et au lien qu'il y forma avec une jeune fille d'origine Belge et née à Falaise. Ce lien, dû au hasard d'une rencontre et à l'éveil de la passion dans un adolescent, acquit une plus grande importance par la naissance de Guillaume-le-Bâtard, qui échangea ce surnom contre celui de Conquérant de l'Angleterre.

Nous avons reconnu que le Robert, amant d'Herlève, n'était pas, comme les chroniqueurs et des historiens l'ont souvent laissé croire, n'était pas le duc de Normandie, mais le jeune comte d'Exmes. Robert, lorsqu'il devint le père de Guillaume, n'était alors que comte d'Exmes depuis août 1026.

Les historiens passaient sous silence l'âge de ce Robert. M. Deville a récemment mis en lumière la date du mariage de Richard II, père de Robert, avec Judith de Bretagne, 1008. Il en résulte qu'à la mort de son père, en août 1026, Robert, le second fils, ne pouvait avoir plus de seize ans,

et qu'il devint père de Guillaume à l'âge de 17 ans. Le sa
vant écrivain que je viens de citer a nettement éclairci l'âge
de Guillaume et fixé sa naissance à l'an 1027.

Je crois ce point historique intéressant pour mes lecteurs,
et je vais le développer en quelques lignes :

Le duc Robert, dit M. Deville, annonça dès le commencement de 1035 son pélerinage et son départ pour
l'Asie. L'enfant Guillaume alors, selon Wace

> N'aveit encor que sol set anz
> Quant li dus Robert se croisa
> Et en Jerusalem alla.

Au départ de son père, en janvier 1035, Guillaume
avait sept ans accomplis; mais à la mort de son père, six
mois après, il avait atteint sa huitième année. M. Deville
en a conclu qu'il était né entre les mois correspondants de
l'an 1027, probablement en juin.

Or, la présence de Robert dans Falaise, ajoute M. Deville, coïncide avec la naissance de son fils, et l'une s'ex-
plique par l'autre. — Robert, en effet, avait pu y venir et
obtenir Herlève dès septembre 1026. Aucun historien ne
paraît avoir pu nous apprendre la cause réelle de la guerre
que Robert attira et soutint dans Falaise en 1027. Quelques
uns nous ont donné la banale raison d'un refus d'hommage,
sans réfléchir à l'espace de temps qui s'écoula entre l'inves-
titure du comté d'Exmes et l'entrée de ses hommes d'armes
dans la place de Falaise.

Le motif de cette prise d'armes peut se déduire, il nous

semble, de la position de Falaise, forteresse et bourgade appartenant au pays Exmois. Ne peut-on pas présumer avec raison qu'en donnant au second fils de Richard II le comté d'Exmes ,

Si cum li pères l'out rové,

le conseil du jeune duc (âgé seulement d'un an plus que son frère), limita cet apanage à la place forte d'Exmes, et que Falaise n'y fut pas compris.

Duna Uismes et altres fieus
Ke il numa en plusurs lieus.

La prudence avait pu inspirer cette restriction envers un prince de seize ans et réserver au duc souverain la forteresse de Falaise. Mais après que la chasse l'eut conduit aux environs de cette place forte, que l'amour l'y eut ramené, que la population de la bourgade put avoir encouragé sa prétention, le jeune comte aura revendiqué à main armée la place de Falaise, comme ayant fait partie du comté d'Exmes, qui lui avait été dévolu par le père.

Il dut s'autoriser de ce que cette place avait été possédée par les comtes d'Exmes, antérieurs à lui et dont le titre est resté à notre porte LE COMTE. Cela du moins paraît résulter du texte de Wace :

Mais ne se volt à ceo tenir,
Faleise li kuida tolir,
Dedenz li chastel s'embasti,
De homs et d'armes le garni.

Le duc son frère, après sa réconciliation et son retour à Rouen, y mourut le 6 août 1027 ; ce devait donc être en juin que Robert se renferma dans Falaise et y soutint un siége. Vaincu et chassé du château-fort qu'il réclamait il fut renvoyé dans sa ville d'Exmes sans doute en juillet. Enfin le mois suivant, par la mort soudaine de son frère, il put rentrer dans la place qu'il avait ambitionné de posséder (1).

Ainsi, et pour résumer une dernière fois cet aperçu historique, Falaise sortit de son obscurité par la réclamation à main armée par Robert d'une portion de son domaine ; ou, au point de vue des historiens, par la *rébellion* du jeune comte d'Exmes. Le nom de Robert s'attacha, dès-lors et pour toujours, à celui de notre ville. Aussi ses premiers ou ses plus importants établissements de défense, de commerce, d'utilité publique, le donjon, la foire de Guibray, nos fontaines, un hospice, ont pu être attribués à Robert.

L'antique Exmes, jusqu'alors la place forte du pays à qui elle avait donné son nom, Exmes fut subordonnée à Falaise, et sa déchéance s'accomplit. Exmes n'est plus de nos jours qu'un plateau de colline perdu dans les collines verdoyantes qui ferment de ce côté la vallée d'Auge. Son bourg n'offre qu'un cercle de maisons, sans animation,

---

(1) Comme analogie avec notre conjecture sur la cause réelle du siége de Falaise, je remarque, un siècle après, Henri Ier, l'un des fils du Conquérant et devenu seul maître de la Normandie et de l'Angleterre, restituant au fils de Robert Talvas, son prisonnier, toutes les possessions du père, à l'exception *des donjons qu'il se réserva.*

autour d'une église sans architecture remarquable. La ville antique n'a plus que son nom, tandis que la ville du moyen-âge, la place-forte Normande a prospéré. On voit que c'était seulement en prenant Exmes pour point de départ que le Falaise du moyen-âge pouvait être l'objet d'une étude nouvelle.

Je ne rappellerai point ce que Falaise devint sous Guillaume, puis sous les rois Anglo-Normands. Le plus simple aperçu des immenses résultats de l'existence de Guillaume-le-Bâtard dépasserait encore bien plus notre humble cadre d'archéologie locale. Je me borne à une réflexion : à quoi ont tenu les destinées de notre ville, d'abord place-forte puissante et renommée, puis, dans son accroissement et sa prospérité, avec la commune au 13ᵉ siècle, avec la foire la plus célèbre de l'ouest de la France, enfin avec sa juridiction étendue et son bailliage si estimé à la fin du 18ᵉ siècle ? Quelle fut jadis la cause primordiale de tous ces heureux développements ?

La présence d'un jeune prince Normand dans une bourgade du comté d'Exmes, en 1027.

NAISSANCE DE GUILLAUME.

Nous avons dû présumer que le fils de Robert était né à l'époque du siége de Falaise, en juin ou juillet, et peut-être même durant ce siége. Voici le texte de Wace sur la naissance du Conquérant :

D'icele Arlot fu un filz né
Ki Willame fu apelé.
Quand Willame prismes naski,
Ke del ventre sa mere issi,
En viez estranier fu muciez,
En l'estrain (*paille*) fu seul laissiez...
La vieille vint e prist l'enfant
- Od l'estrain plein sez bras portant.
« Kel ber, dit ele, tu seras !
Tant cunquerras è tant auras :
Tost asceu de tun purchaz
Pleines tes mains è pleins tes bras. »

La circonstance du tas de paille où la vieille mère couche
l'enfant d'Herlève nouveau-né, semble indiquer le trouble
et le désordre d'une place assiégée. Ce n'était point là le
berceau d'un prince, et c'est peut-être à son point de départ que Guillaume a dû sa force comme il a dû le développement de ses puissantes facultés aux efforts d'énergie et
d'habileté qui furent les exercices de son adolescence, sans
cesse attaquée. Le robuste enfant qui naît sur ce tas de
paille, *dont il remplit ses mains et ses bras*, dit le Trouvère, est celui qui jettera dans un sillon ensanglanté les
semences de la civilisation moderne à l'extrémité de l'Europe occidentale. Comme conquérant et homme de guerre,
et quoiqu'il ait pu s'appuyer sur un droit, Guillaume appartient encore aux siècles de barbarie, mais le bâtard
Falaisien, l'élève de Raoul de Gacé, l'adolescent résolu,

fécond en ressources, vaillant et intrépide dans les luttes formidables de sa jeunesse, le duc Normand devenu roi ne fut-il pas à la hauteur de sa nouvelle situation?...

Et si votre pensée vient à franchir l'espace qui sépare un berceau d'une tombe, seulement 60 ans (1027-1087), et qu'au dernier feuillet de l'histoire de Guillaume, vous assistiez à la sépulture du grand roi Anglo-Normand, dans son monastère de St-Etienne, à Caen, vous y verrez le **Duc-Roi** plus abandonné, plus isolé qu'au jour de sa naissance, et vous regretterez peut-être pour lui ce tas de paille sur lequel l'enfant d'Herlève fut déposé à son entrée dans la vie.

LE MANOIR DE GUILLAUME-LE-CONQUÉRANT.

Nous avons dit que la date et le lieu précis de la naissance de Guillaume étaient restés enveloppés d'obscurité.

Quant au lieu de sa naissance, l'opinion qui le ferait naître dans le donjon, appartient au commencement de notre siècle, et elle se fortifia par la publication, vers 1813, du fragment de Beneoist de St-More. Alors on prit au sérieux le charmant lai ou fabliau sur l'amour d'Arlette et du *duc* Robert, que renferme la *Chronique* de ce trouvère, natif de la Tourraine. Alors les hommes lettrés donnèrent un insignifiant démenti à la voix du peuple, qui n'avait pas varié depuis six siècles et dont le bon sens avait perpétué une vérité si simple.

C'était une de ses traditions qui sont comme les éléments et les matériaux de l'histoire, une tradition attachée à des bâtiments, à un emplacement, a été transmise de siècle en siècle et s'est constamment maintenue dans la population de Falaise.

Cette tradition, au reste, était en accord avec des actes écrits. L'abbé Langevin a cité des extraits manuscrits de l'ancien chartrier de l'église Ste-Trinité. Je copie textuellement cette citation, perdue dans son article **XXI** et dont il semble n'avoir pas alors senti toute l'importance ; l'âge de Guillaume, aujourd'hui bien vérifié, y est affirmé dès le premier mot :

— En 1027, Guillaume naquit dans une maison qui lui appartenait (*à ses parents maternels*) sise sur le vieux marché de la place St-Gervais de cette ville ; et comme il n'y avait pas encore de paroisse St-Jacques ou de Saint-Gervais, il fut baptisé à l'église Ste-Trinité.

Que si l'on avait peu de confiance à cet extrait, sans authenticité, du chartrier d'une église paroissiale, voici à l'appui la mention d'un Arrêt du Parlement de Rouen, en 1669, sur le décret mis à la maison qui avait appartenu aux ducs de Normandie. Cet arrêt portait que la lecture des bannies de cette maison se ferait à la primitive église de la ville, celle de la Trinité.

La maison dont il s'agit occupait la place de celle qui est encore ainsi désignée généralement et à peu de distance de l'église St-Gervais, sur la place du marché. M. de Caumont n'a rien remarqué dans le bâtiment actuel, construit en petites pierres de taille, avec des assises régulières.

« Mais tout cet emplacement, a dit M. Galeron, dans la description de ce quartier, se nomme dans les anciens titres le *Manoir du duc Guillaume*. On dit qu'il le tenait du chef de sa mère et de son aïeul Vertpray (Herbert), et

4

quelques-uns même ont soutenu que c'était là qu'il avait
vu le jour.

« Plus tard, il le donna aux religieux de St-Etienne,
qui le cédèrent eux-mêmes aux Cordeliers, en 1343. »

Voici la page de l'abbé Langevin sur l'établissement des
Cordeliers à Falaise :

— A la place d'une partie du manoir du duc Guillaume,
près des murs, au côté occidental de la ville, là où avait
été d'abord le quartier de réserve du camp de Falaise, saint
Louis, roi de France, conjointement avec Guillaume de
Pont-d'Ouilly, fonda le monastère des Frères mineurs,
vers l'an 1250. Dans le jardin de ce couvent, il y avait un
colombier à pied, ce qui confirme que c'était un fonds
noble. En 1327, Jacques Lefebvre donna à ces religieux
un manoir et hébergement jouxte les murs de la ville près
la porte Ogise, sur lequel les religieux de St-Etienne de
Caen, fondés par le duc Guillaume, ayant prétendu vingt-
cinq sols de rente, comme *faisant partie du manoir de ce
duc*, il y eut transaction devant tabellion, en 1343. La
nouvelle route de Caen sépara, vers 1780, ce manoir en
deux parties. (*Anciens manuscrits*).

ENFANCE DE GUILLAUME, A FALAISE.

La durée du règne de son père nous donne celle du sé-
jour certain de Guillaume enfant dans sa ville natale. L'édu-
cation de Guillaume à Falaise est affirmée par Wace, et la
maison où il était élevé par ses parents semble même indiquée dans un récit dont je vais reproduire exactement le
sens. J'ai dû traduire cette précieuse anecdote, car la

Chronique, en la répétant dans sa prose, l'interprète au point de vue de son siècle, tandis que les mœurs du XIe siècle auraient, il me semble, plus d'analogie avec le IXe siècle qu'avec celles du règne de saint Louis. Ainsi, dans le récit de la *Naissance*, par le trouvère, la vieille femme est devenue sous la plume du chroniqueur une sage-femme ; et le bourgeois falaisien qui se prit à parler à Talvas, sur la place du Vieux-Marché, est, dans la Chronique, un Écuyer qui aurait tenu par la main le petit Guillaume. Or, cet enfant que Talvas fut visiter dans la maison où sa mère l'élevait, cet enfant pouvait à peine avoir trois ans, puisque son fils, Guillaume Talevaz, deuxième du nom, lui succéda en 1030.

— Guillaume fut élevé à Falaise petit garçon. Le vieux Guillaume Talevaz, qui possédait Séez, Bellême et Vignats, passa un jour par Falaise qu'il traversait : j'ignore où il se dirigeait. Un des bourgeois l'a appelé et lui a parlé en riant : Sire, dit-il, tournez-vous par ici, entrez en cet ostel, céans : voyez-y le fils de votre seigneur, cela semblera honorable. — Où est-il, dit Talevaz, montrez-le moi. Il le fit apporter devant lui. Je ne sais ce que fit le petit enfant (enfez), ni s'il pleura ou s'il se prit à rire. Mais quand Talevaz l'eut regardé et bien vu de près : Honte sur toi ! s'écria-t-il, et par trois fois il dit : Honte sur toi ! car par toi et par ta lignée, la mienne sera beaucoup abaissée, et mes héritiers auront très-grand dommage de toi et de tes descendants. Il l'aurait volontiers molesté, s'il l'eût pu en paroles. Talevaz sortit, s'en retourna et fut une grand'-pause sans sonner mot.

Wace, qui, né à Jersay, demeurait à Caen, au douzième siècle, put venir à Falaise où il recueillit, *de tradition*, ce trait et celui de *la paille*. Il a dit de lui-même, dans le Rou :

> A Caën fut petis portez,
> A Caën longes conversai,
> De romanz fère m'entremis.

On sait que, dans ce roman de Rou, il rima l'histoire de nos premiers ducs d'après les chroniques latines, telles que celle de Guillaume de Jumièges, et d'après les souvenirs populaires qu'il put recueillir.

Une autre anecdote de l'histoire ecclésiastique de la Normandie nous montre Guillaume *varlet petit* envoyé par Robert pour figurer à une pieuse fondation. Le duc voulant contribuer à la dotation de l'abbaye de Préaux envoya son fils Guillaume enfant déposer sur l'autel l'acte de donation d'une terre.

Nous souhaitons connaître la destinée d'Herlève après la mort prématurée de Robert. Elle était jeune encore, car l'expression de Wace, à propos de l'amour du comte d'Exmes, nous la dépeint comme sortant elle-même de l'adolescence.

> Une meschine y eut amée,
> Arlete eut nom, de burgeis née

Voici ce que l'histoire nous apprend à son égard : deux ans environ après la mort de Robert (1037), le connétable Raoul de Gacé proposa à la mère du jeune duc un mariage avec l'un des barons normands, Herlouin de Conteville. Elle eut de lui deux fils et une fille.

Guillaume fut emmené de sa ville natale par son père et conduit à Henri de France, au commencement de 1035. Il revint y chercher un sûr asile dans la seconde période de son jeune âge qui fut pour lui la saison des périls et des combats.

LA LÉGENDE

DE

ROBERT - LE - DIABLE.

L'essai qu'on va lire a été inséré dans un bulletin biblio-
graphique l'année où fut publié le 1er volume de la collection des Légendes françaises, de la Bibliothèque-Bleue,
entreprise par M. Leroux de Lincy et encouragée par
Ch. Nodier.

Sur cette légende de Robert-le-Diable, M. Leroux nous
dit qu'elle fut rédigée en prose, pour la première fois, au
milieu du XIIIe siècle ; et cette rédaction forme les premiers
chapitres de notre Chronique de Normandie, qui paraît avoir
été composée vers la fin du règne de saint Louis. — L'auteur
anonyme joignit aux faits consignés dans le roman de Rou
les traditions populaires admises à l'époque où il écrivait.
C'est pourquoi il dut commencer son livre par la vie de
Robert-le-Diable ; le récit du chroniqueur fut généralement
plus répandu que celui des poètes, et ce dernier conserva
mieux les traits originaux de la légende.

Ajoutons que M. L. Dubois avait entrevu la vérité,
lorsqu'il écrivait en 1825 : c'est de l'histoire, défigurée avec
confusion, de Robert-Courte-Heuse et de Robert-le-Ma-

gnifique, qu'un romancier s'avisa de composer la Vie du terrible Robert-le-Diable, lequel après fut nommé l'Homme-Dieu.

Je puis aujourd'hui moi-même rendre plus précise et plus complète l'opinion que j'avais émise dans ces pages. L'étude de la vie et du règne de Robert-le-Magnifique m'a laissé en effet la conviction, d'accord avec le sentiment général de presque tous les historiens normands, qui tous reportent sur celui-là le surnom populaire, que le premier Robert fut le type générateur de cette légende.

L'audace de sa prise d'armes contre son frère, la mort soudaine de ce frère, qui le met en possession de la couronne ducale, sa revanche éclatante contre Guillaume Talvas ; puis ses *chevauchées* en Flandres, en France, en Bretagne ; sa tentative, peut-être fabuleuse, d'une descente en Angleterre, empêchée par les éléments ; enfin son pélerinage à Jérusalem et sa fin accidentelle dans une ville de l'Asie ; tous les actes de la rapide existence de ce jeune guerrier furent si énergiquement accentués, et leur caractère général est empreint d'une si forte originalité, qu'ils durent émouvoir et fixer l'attention de ses contemporains et trouver un écho prolongé dans les générations suivantes.

Ensuite la similitude des noms, certains incidents de la vie de son petit-fils, Robert-Courte-Heuse, comme sa révolte contre Guillaume-le-Conquérant, puis son rôle héroïque dans la Croisade et à Jérusalem, ces traits saillants d'une grande figure historique de notre Duché, durent naturellement s'ajouter, et dans ces temps d'ignorance, de facile croyance et de récits traditionnels, se mêler et se confondre avec la vie de l'aïeul pour composer le merveilleux tissu légendaire. Le nom d'un autre Robert encore, de la race sanguinaire des Talvas, a pu se réunir aussi à ces éléments d'une riche fiction. Mais il me semble que, sans la vigoureuse personnalité du premier Robert, ni le fougueux écart de jeunesse du vaillant et infortuné Robert-CourteHeuse, ni le renom de férocité héréditaire attaché peut-être au souvenir de la famille de Robert de Bellesme, n'eussent pas suffi pour donner l'idée de cette légende et créer le type populaire de Robert-le-Diable.

On sait que Guillaume-le-Conquérant eut la douleur de voir son propre fils révolté contre lui et réclamant le duché de Normandie qui lui avait été promis. Il pardonna à son fils vaincu et repentant, à la sollicitation de la reine Mathilde.

Des philologues et des bibliophiles ont pris le soin de renouveler dans notre littérature les compositions légendaires qui, depuis le XVIIe siècle, fournirent un aliment à l'imagination du peuple. Ce sont les lectures auxquelles s'attachaient encore par une vivace sympathie les esprits incultes qui ne pouvaient atteindre aux chefs-d'œuvre de Corneille, Molière, La Fontaine et Fénélon. Les souvenirs de la féodalité, devenus alors fabuleux, étaient restés vraisemblables; et ces récits, déjà empreints de la rouille d'un âge turbulent et guerrier, furent des sources d'émotions durant deux siècles de sécurité et de mœurs paisibles. Notre littérature du XVIIe siècle ne pouvait être populaire; mais la Bibliothèque bleue, qui eut cette gloire, la méritait peu. Car les traditions poétiques primitives furent reproduites,

défigurées et mutilées, à une époque où l'on n'en possédait plus le sens intime. Dans ces romans, les sentiments
et les mœurs offraient bien encore des tableaux *saisissants*,
des traits touchants, des *aventures*; mais ce n'étaient que
des œuvres d'un ordre inférieur au point de vue de l'art et
du style.

Nous y retrouvons néanmoins un mérite, celui d'être
fidèles à la langue maternelle, riches de locutions naïves et
énergiques, lorsque tant d'autres productions, dans la
sphère supérieure de la littérature brillaient d'un éclat emprunté, privées de la sève populaire.

Le temps était déjà bien loin où avait existé cette harmonie des fictions et du langage des poètes conteurs avec
un peuple ingénu, empressé de croire et d'admirer. C'était
à l'origine de notre langue et de l'art des trouvères : alors
le sens moral de ces poèmes était puissant de réalité. Je vais
prendre pour exemple la première des légendes qui ouvre
cette collection. En remontant à la source de la fiction, je
vais rechercher les formes les plus parfaites, plus significa-
tives, qu'elle revêtit avant de tomber parmi les contes re-
produits, dans les premières années du XVIIIe siècle, par
les presses des Oudot. Le caractère et l'esprit du moyen-
âge ne se sont empreints dans aucun roman plus fortement
que dans cette légende de Robert-le-Diable.

Il nous faut remonter à l'époque où notre langue poétique revêtit des formes vives et animées d'un idiome natio-
nal ces traditions, ces légendes qui gisaient dans l'obscurité des cloîtres, ou dans la mémoire des populations. A
cette époque, outre les traditions natives du génie celtique,
outre les héroïques merveilles du règne de Charlemagne,

il se trouva aussi un écho pour les souvenirs de l'invasion et de l'établissement des Normands. Les chroniques en vers composées pour les rois Anglo-Normands ne furent cependant que des chroniques.

Mais au XIII° siècle, lorsque le duché de Normandie fut réuni au royaume de France, un trouvère composa une légende héroïque en vers sur un prince dont la jeunesse fatalement vouée au démon avait été ensuite expiée par une pénitence inouïe ; il le nomma Robert, fils d'un duc de Normandie. D'où a pu venir ce nom de Robert et cette naissance normande attribués au héros d'une légende qui offre une admirable poésie, mais nul caractère de réalité historique ?

Les pirates northmans furent la dernière horde conquérante dans l'ouest de l'Europe, et le peuple riverain de la Seine s'écriait au IX° siècle : *A furore Northmannorum libera nos, Domine!* Ainsi la mémoire de leurs dévastations ne devait pas être entièrement éteinte au commencement du XIII° siècle ; une vague tradition, déjà formulée peut-être, en subsistait sans doute parmi le peuple.

Les érudits se sont demandé si ce poème n'a pas eu un germe historique, une origine positive. Les Bénédictins l'avaient regardé comme un poème satyrique allusif au duc, fils aîné de Guillaume-le-Conquérant. Cette conjecture a été adoptée par un antiquaire habile et éclairé. Il a vu dans le héros du poème Robert-Courte-Heuse exilé de la cour de son père, à la tête d'une bande de chevaliers, désolant la frontière du duché par ses excursions et ses rapines ; une mère affectionnée intercédant près du sévère Guillaume ; puis le *prince* allant, en pays étranger, faire pénitence de ses égarements et, à son retour, épousant une princesse en

Italie. Voilà les traits par lesquels le roman se rapproche de l'histoire du second Robert.

Cependant, au point de vue esthétique, je ne puis admettre ces allusions historiques dans la conception du trouvère, et la rébellion de Robert-Courte-Heuse contre son père n'a pu, à mon sens, inspirer une telle légende à un poète du XIII⁰ siècle ; mais elle contient en effet des traits qui se rapprochent des faits et des caractères historiques.

Un enfant, par la faute de sa mère, est né sous une influence infernale ; à peine sorti de l'adolescence, il a déjà commis des actes de cruauté. En croissant en âge, il se rend coupable de crimes odieux. Et cependant, dit le vieux poète :

> Si estoit biaus a desmesure
> De cors, de vis è de stature.
> S'ert mervelle que mal faisoit,
> Car a toute gent il plaisoit.

Le romancier nous apprend comme tous les enfants, d'un accord, le nommèrent Robert-le-Diable.

— Quelquefois les enfants s'assembloient contre lui et le battoient ; et quand ils le voyoient venir, les uns disoient : voici le Diable, et s'enfuyoient de devant lui, comme brebis devant le loup ; et parce qu'il étoit mauvais, les enfants qui avec lui conféroient, le nommèrent tous d'un accord Robert-le-Diable, tellement qu'il fut divulgué par tout le pays, que depuis le nom ne lui fut changé, ni jamais ne le sera tant que le monde durera.

— Et le duc voyant son fils être si mauvais et si mal

morigéné, il en était si courroucé qu'il eût voulu qu'il fût mort. La Duchesse aussi en étoit si angoisseuse, que c'étoit merveille. Un jour elle dit au Duc : « L'enfant a beaucoup d'âge et est assez grand ; il me semble qu'il seroit bon de le faire chevalier, et par ainsi pourra changer ses conditions et manières. » Et pour lors Robert n'avait que dix-sept ans.

Une fête de Pentecôte, le duc manda par tout son pays que les principaux de ses barons s'assemblassent, en présence desquels il appela Robert et lui dit (après avoir eu l'avis de tous les assistants) : mon fils, entendez ce que je veux dire par le conseil de nos barons, vous serez chevalier, afin que çi après vous hantiez les autres chevaliers et prud'hommes et changiez vos conditions ; et ayez de meilleures manières que vous n'aviez auparavant, qui sont déplaisantes à tout le monde ; mais soyez doux, courtois, humble et bon, ainsi que sont les autres chevaliers, car les honneurs changent les mœurs.

Mais dans le tournoi, Robert se laissa emporter à toute sa frénésie sanguinaire. On le maudit, on le fuit avec horreur :

> Mais li prudome s'enfuioient
> Quant de Robert parler oioient ;
> Fuient moigne, fuient convers ;
> Bien se fait à crémir Robert.
> Li apostoiles n'en rit mie,
> Il le maldist et escuménie.
> Robert voit que tuit le haioient
> È toute gens le maldissoient,
> En une forest se desvoie

Qui près est de Roim sur Saine ,
Grant route de larons enmaine
È de robéor malfaisant ,...
Les voies cerche è les sentiers ,
Se il encontre pélerin
Ne marchéant eu son chemin ;
Ne hom nul ne le fait prendre
Ou il le fait ardoir ou pendre.

Un jour , il en vint à réfléchir sur les penchants féroces qui le dominent ; il se résout à en connaître la cause , qui lui est révélée par sa mère désespérée.

— Alors Robert voyant que chacun fuyait devant lui , commença à penser en lui-même , et dit : mon Dieu , d'où vient donc que chacun s'enfuit ainsi devant moi ? je suis bien malheureux et le plus infortuné homme du monde ; il semble que je sois un loup. Hélas ! je conçois bien maintenant que je suis le plus mauvais de tous les hommes. Je dois bien maudire ma vie , car je crois que je suis haï de Dieu et du monde. » Dans ces sentiments , Robert vint jusqu'à la porte du château d'Arques ,..... et s'en alla en la salle où était sa mère , et quand elle vit son fils dont elle savoit la cruauté , elle fut toute épouvantée , et voulait s'enfuir. Lors lui qui avoit vu comme les gens s'en étoient enfuis devant lui , en avoit grande douleur et s'écria effroyablement à sa mère : « Madame , n'ayez peur de moi , et ne bougez pas jusqu'à ce que je vous aie parlé. — Il approcha d'elle et lui dit en cette manière : Madame , je vous supplie qu'il vous plaise de me dire d'où vient que je suis si terrible et cruel ? car il faut que cela procède de vous ou de mon père , ainsi je vous prie de m'en dire la vérité. »

La Duchesse fut étonnée d'entendre ainsi parler Robert, et reconnaissant son fils, se jeta à ses pieds et lui dit en pleurant : ...... lors la Duchesse lui récita comme devant qu'il fut conçu , elle l'avait donné au diable ; et se croyait être la plus malheureuse qui fut jamais, et peu s'en fallut qu'elle ne se désespérât. Quand Robert entendit ce que sa mère lui disoit, de la douleur qu'il eut au cœur il tomba évanoui , puis il revint pleurant amèrement et dit à sa mère : « Ma très-honorée dame et mère, je vous supplie humblement que ce soit votre bon plaisir de me recommander à mon père, car je veux aller à Rome pour me confesser des péchés que j'ai faits , car jamais je ne dormirai en repos jusqu'à ce que j'aie été à Rome : mon père m'a fait bannir de tout son pays et toujours m'a mené grande guerre , mais de tout cela ne me soucie ; car je n'ai jamais voulu amasser de richesses, et je suis délibéré du tout à faire le salut de mon âme, et à cela d'ici en avant, je veux employer mon temps et mon entendement. »

Robert a pris la résolution de recourir à l'assistance divine pour se soustraire à la fatalité qui l'a dominé jusqu'alors. Il se rend auprès du pape :

— ...... Quand le pape l'ouït ainsi parler, il se douta que c'était Robert-le-Diable, et lui dit : Beau fils, ne t'appelles-tu pas Robert, duquel j'ai tant ouï parler ? — Oui , dit Robert. Lors le pape dit : Tu auras l'absolution ; mais je te conjure par le Dieu vivant, que tu ne fasses dommage à personne. Et le pape et ceux qui étaient là furent épouvantés de le voir. A donc Robert s'agenouilla

devant le pape en grande humilité, contrition et repentir
de ses péchés, et dit: A Dieu ne plaise que je fasse mal ni
dommage à personne qui soit ici ni ailleurs tant que je m'en
pourrai tenir.

Alors le pape l'envoya à un saint hermite des environs de
Rome. Celui-ci l'accueille, écoute sa confession, puis il
lui imposa une pénitence qui lui fut inspirée en songe par
un esprit céleste.

— L'hermite ayant pensé longuement sur son songe, il
commença à louer et remercier Dieu de ce qu'il avait pris
pitié de son pécheur, puis se mit en oraison en attendant
le jour. Et quand le jour fut venu, il fut ému d'ardent
amour envers Robert, l'appela et lui dit: mon ami, venez
vers moi. Et incontinent Robert s'étant approché, mon
fils, dit-il, j'ai pensé à la pénitence qu'il vous convient
faire et accomplir, afin que vous puissiez obtenir grâce et
pardon envers Dieu de tous péchés que vous avez faits.
Vous contreferez le fou et ne mangerez rien, sinon ce que vous
pourrez ôter aux chiens quand on leur aura donné à manger
et vous garderez de parler, comme un muet; ainsi a été
votre pénitence ordonnée à moi par Dieu, et durant tout
le temps, vous ne ferez nul mal à personne qui soit au
monde vivant, et vivrez en cet état jusqu'à ce qu'il plaise à
Dieu vous faire savoir qu'il suffit.

Quand Robert eut entendu ces choses, il fut fort joyeux,
et remercia Dieu de ce qu'il était quitte et absous pour
si peu.

Par l'effet même et le caractère de cette expiation, il se
trouve jeté dans une action toute héroïque et merveilleuse.
Il vit dans un recoin du palais de l'empereur, où tout le

monde le prend pour un fou. Les chiens du palais sont sa société, un d'eux devient son seul ami.

— Quand la nuit s'approcha, Robert se tint auprès d'un chien, et toujours le suivait quelque part qu'il fût : le chien qui avait coutume de coucher sous un degré y retourna. Robert qui ne savait où il devait reposer, s'en fut coucher auprès du chien, pour dormir cette nuit.....

Robert vécut long-temps en cet état. Et le chien qui connaissoit que pour l'amour de Robert on lui donnoit plus à manger qu'on n'avoit accoutumé, et aussi que pour l'amour de lui, on ne lui faisait mal, se prit à l'aimer très-fort, et à toute heure du jour lui faisoit fête et caresses.

La septième année de son épreuve, les Sarrasins viennent ravager les environs de Rome.

— Quand le jour fut venu que l'Empereur et les Romains devaient avoir journée avec les Sarrasins, ainsi que Robert alla à la fontaine, comme il avoit accoutumé pour boire, il vint une voix du ciel qui parloit doucement, disant : Robert, Dieu te mande qu'incontinent tu t'armes de ces armes blanches, que tu montes sur ce cheval que je t'amène, et que tu ailles secourir l'Empereur.

Robert obéit avec joie et vole au champ de bataille.

— La fille de l'Empereur était aux fenêtres par lesquelles on pouvoit voir dans le jardin où est la fontaine ; elle vit comme Robert s'étoit déguisé ; si elle eût pu parler, elle n'eût pas manqué de le révéler, mais elle était muette.

Robert a mis les Sarrasins en déroute et la victoire est restée par son secours aux Romains. Les mêmes faits se renouvelèrent pendant trois années, et toujours, après la bataille, le chevalier vainqueur disparaissait et restait inconnu.

A la suite de chaque victoire, l'Empereur donne un grand festin, où assistent tous les barons et qui est honoré de la présence du Saint Père... Robert y reparaît dans son caractère de fou, et personne ne pense à voir en lui un autre personnage bien différent. Seule, la fille de l'Empereur connaît le secret du prince Normand. De la fenêtre de son appartement, donnant sur le verger, près de la fontaine où Robert va se désaltérer, elle l'a vu se revêtir d'une blanche et brillante armure, elle l'a vu monter à cheval et partir pour le combat; — et après la victoire Robert retournait sur son cheval à la fontaine; il se désarmait puis mettait ses armes sur son cheval, lequel incontinent s'évanouit et Robert demeura seul. La fille de l'Empereur qui voyait ceci s'émerveillait et l'eût volontiers dit, mais elle ne savait dire mot et jamais n'avait parlé. —

Lorsque la princesse romaine revoit le pauvre fou dans la salle du festin, elle se lève de son siège et le salue avec les marques d'un profond respect. L'Empereur la croit folle et les assistants raillent entre eux. Le monarque déclare qui s'il connaissait le blanc chevalier, il le ferait duc ou comte. Elle lui montre du doigt Robert; mais on ne fait nul cas des signes par lesquels elle s'efforce d'éclaircir ce mystère.

Après la troisième victoire, l'Empereur a donné ordre à trente guerriers de saisir le chevalier inconnu; ils n'ont pu réussir, mais l'un d'eux l'a blessé à la cuisse d'un coup de lance dont le fer y est resté. Il fait proclamer que, voulant dignement récompenser le chevalier aux armes blanches qui trois fois a repoussé l'ennemi et sauvé l'empire, il a

résolu de l'unir à sa fille et de l'adopter pour successeur.
Un fourbe qui ambitionnait la main de la princesse, le sénéchal de l'empereur se présente alors sous cette fausse apparence, et sa fraude allait obtenir un déplorable succès,
lorsque la princesse muette trouve soudainement la parole.
Elle déclare qu'un autre est l'auteur des exploits que le
sénéchal félon ose s'attribuer. Alors elle mena le pape et
l'empereur son père à la fontaine, près de laquelle Robert
s'armait et se désarmait ; elle leur apprit que le chevalier
inconnu, sauveur du pays, était ce pauvre homme que tous
tiennent pour insensé, qu'on voit tous les jours ronger les
os de la table du palais, et qui, la nuit, couche avec les
chiens sous les degrés du perron. — C'est lui, dit-elle, qui
a vaillamment défendu votre honneur, pourquoi il est raisonnable que par vous soit récompensé, et, s'il vous plaît,
nous irons lui parler. Lors le Pape, l'Empereur et sa fille,
avec sa baronnie, vinrent vers Robert, lequel ils trouvè-
rent couché au lit des chiens, et tous ensemble le saluèrent ;
mais Robert ne leur répondit rien.

L'Empereur donc commença à parler à Robert... et lui
faisait semblant de ne l'entendre point, puis prit une paille,
et se mit à la rompre entre ses mains comme par moquerie,
en pleurant. Et lors fit maintes folies pour faire rire le pape
et l'empereur.

Alors le pape parla à lui, le conjura et lui dit : Je te
commande, si tu as puissance de parler, que tu parles à
nous ; mais Robert se leva en contrefaisant le fou, et regar-
dant derrière lui, il vit venir l'ermite auquel il s'était
confessé. — A sa voix, Robert pouvant rompre le silence
qu'il lui avait imposé, leur déclara : qu'il est né en Nor-

mandie , fils du duc et de la duchesse et petit-fils du comte
de Poitou , qu'il fut voué au démon par sa mère avant sa
naissance ; son nom est Robert.

> Sire , nés fui en Normendie :
> Cil qui Dus en ert fu mes père ,
> E la Ducoise fu ma mère ,
> E li quens de Poitiers , biaus sire ,
> Fu mon aïeul , bien le puis dire.

Dans le poëme, plusieure barons Normands , présents à
Rome , apprennent à Robert que son père n'existe plus ;
ses proches ont envahi son héritage. Ils le pressent de venir
remettre la paix dans son pays. L'Empereur l'engage à
rester lui promettant la main de sa fille et ses propres états.

Mais telles ne sont pas les intentions de Robert. Profondément pénétré de l'idée du salut de son âme , il veut con-
tinuer une vie obscure de retraite et d'austérité ; il va par-
tager la solitude de l'ermite, son guide spirituel. L'Empereur et sa cour le voient partir avec regret et le conduisent
aux portes de la ville.

Je n'ai pas suivi dans tous ses développements ce drame,
dont le dénouement est éminemment religieux et ascétique.
La hardiesse et la fécondité des inventions , le naturel et la
franche sensibilité des détails , la profondeur du sens moral,
nous éloignent de penser que cette fiction de Robert-le-
Diable ait eu pour principe la tradition d'un duc de Normandie qui se serait rendu odieux , et dont le trouvère eût
voulu perpétuer l'image et le souvenir. Le duc Robert fut
l'un des héros de la première croisade, le compagnon d'ar-

mes des plus grands hommes de la chrétienté , et concourut
par sa bravoure à la conquête du tombeau du Christ. C'est
le Robert de la *Gerusalemme liberata*, et le caractère le plus
poétique, le plus généreux, le plus chevaleresque qu'aient
pu fournir les ducs de Normandie.

Assurément , un poëte du siècle de saint Louis n'eût pas
été perdre les conceptions d'un beau génie dans une satire
contre un prince héroïque , mort aveugle et prisonnier de
son frère , dans une forteresse du pays de Galles. Enfin ,
lorsque la Normandie était réunie à la France , un obscur
trouvère pouvait-il encore s'inquiéter des rois Anglo-Nor
mands ?

Nous ne connaissons rien dans les chroniques latines an
térieures qui ait trait à cette histoire. La légende, populaire
aussi , du duc Richard-sans-Peur se retrouve dans les chro
niques rimées de Benoît et de Wace. S'il eût existé des tra
ditions légendaires entées sur la vie du premier Robert et
de Robert-courte-Heuse , le poète chroniqueur Wace les
eût rapportées. J'ajouterai , quoiqu'avec moins d'assurance,
que s'il eût existé une légende latine primitive , comme
TOUTES celles d'où l'on a tiré nos poèmes de Charlemagne
et d'Artur , Wace en aurait fait emploi , comme il le fait
des choniques latines contemporaines.

L'historien de nos premiers ducs, Th. Liquet, de Rouen,
a désavoué ce surnom romanesqne pour la mémoire de nos
deux Robert : — Robert-le-Magnifique , dit-il , se montra
intrépide , ami des combats ; il fit la guerre comme on la
faisait alors , ravageant , pillant , brûlant tout sur son
passage.—

Si le personnage historique lui a semblé ainsi justifié , il nous est bien permis, sur des traits aussi prononcés, de le réclamer comme un type de notre personnage légendaire.

Ce qui aura donc décidé l'auteur du poème à donner cette nationalité à son héros, c'est qu'il put recueillir la voix du peuple sur le caractère féroce des guerriers normands. Le Robert de la légende pouvait aussi bien être fils d'un duc d'une autre province ; et notre poète s'est montré plus familiarisé avec les œuvres des autres trouvères qu'avec les annales du Duché, puisqu'il a tiré une généalogie fictive d'un roman de ce temps, et qu'un comte de Poitou, sur l'autorité des romans, est devenu l'aïeul de son héros, comme on l'a pu voir à la fin de mon extrait.

Mais la fiction, conséquente à elle-même et sagement ingénieuse, a placé le berceau de son prince pénitent antérieurement à l'invasion des Northmans, et plusieurs siècles avant le traité de Saint-Clair-sur-Epte ; ses père et mère sont reportés à une époque d'une chronologie fort peu rigoureuse, au temps du roi Pepin, à l'aurore de cette ère carlovingienne si riche en merveilles colossales, où le christianisme n'avait pas encore accompli toutes ses bienfaisantes conquêtes. Robert-le-Diable a vécu dans ce lointain historique : son père gouvernait la Normandie en qualité de duc, dans le temps où il n'y avait pas de Normandie, et où le pays de Normandie n'avait point encore de ducs.

Le Robert légendaire n'est donc aucun de ces ducs. Sans doute il a quelque chose de tous : c'est un type idéal du prince brigand du moyen-âge, pris, comme à la source la plus fraîche, dans les ducs issus des farouches pirates danois. Au XIIIᵉ siècle, dut expirer le dernier retentissement de cette terrible personnalité normande qui avait si long-temps jeté l'épouvante dans le voisinage de Paris. Il est juste d'ajouter que, par la réaction due au christianisme, ils avaient élevé de splendides monastères sur les ruines de ceux qu'ils avaient saccagés.

Lorsque vous découvrez le sens moral de cette fiction , vous perdez de vue toutes ces allusions historiques pour suivre avec émotion le brillant développement d'une idée profondément religieuse. Le trouvère semble avoir glissé sur la vie criminelle du jeune Robert dans la Normandie, qui forme seulement la dixième partie du poème, pour déployer la magnificence de son imagination sur le romanesque dé-nouement dans le centre de la chrétienté, où doit se passer le reste de la vie du chevalier pénitent. La grâce de la ré-demption pouvait pénétrer un cœur de fer, purifier une âme noircie de crimes : les poètes partageaient cette croyance avec le peuple. Il s'agissait de sauver une âme vouée à l'enfer, et, dans les années qui lui restent sur la terre, à regagner des milliers de siècles perdus. Quelle dure expiation pouvait être au niveau d'une telle perspec-tive? Voilà ce que comprenaient les poètes de ces siècles robustes et ingénus. Aussi du profond abîme d'où il a été retiré par la Grâce du Sauveur, donnant ses mérites à une singulière vie expiatoire, Robert converti adhère fortement au bras qui l'a sauvé.

Une telle pensée était, au XIII⁰ siècle, accueillie par une sympathie commune : admirable alliance des élans de la poésie et des aspirations de la foi, par laquelle les plus belles créations du génie poétique devenaient un élément sérieux de piété, et rendaient témoignage à la grande vérité de notre destinée éternelle.

Dans le siècle suivant, le poème épique se transforma en poème lyrique ou *dit*, pour être chanté par les jongleurs ; il se compose de 240 strophes monorimes, de quatre vers ; puis ce devint un Mystère, pour la représentation scénique : cy commence un miracle de Nostre-Dame, de Robert-le-Dyable, fils du duc de Normandie, à qui il fut enjoint pour ses meffaiz que il feist le fol sans parler ; et depuis ot nostre Seigneur mercy de li et espousa la fille de l'empereur. — Ce miracle paraît avoir été composé vers le milieu du XIVe siècle. Il a été imprimé à Rouen, en 1835.

Mais alors le sens moral primitif s'était affaibli, le dénouement perdit son austère signification. Pourtant cette légende, sombre dans son principe, s'était teinte d'assez vives couleurs dans le poème du XIIIe, siècle. Le trouvère avait fait luire le pardon émané du ciel sur cette vie penitente, singulière, mais romanesque et merveilleuse, et, en cela, bien différente de l'horrible punition imposée à Roderick, roi des Goths, dans la légende espagnole.

Et lorsque la prose conteuse succéda à ces ruisseaux taris de la poésie chrétienne ; lorsque l'imprimerie propagea les romans en prose parmi les peuples dont les mœurs s'étaient modifiées ; lorsque les poèmes, écrits sur vélin, avec leurs vignettes coloriées, restèrent enclos dans quelques bibliothèques, et que leur langage, de plus en plus inintelligible, les fit ranger avec les vieilles armures et les antiques joyaux ; alors, plus que jamais, se perpétua la fiction de Robert-le-Diable. Ce fut alors qu'une prose, quelque peu triviale, la répandit complètement dans le peuple (1).

(1) Le roman en prose passa dans plusieurs langues de

L'édition la plus ancienne est de Lyon . 1496. « La vie du
« terrible Robert-le-Diable , lequel après fut nommé
« l'homme de Dieu , in-4°, » gothique. Jusque dans notre
siècle, les colporteurs vendaient dans les campagnes cette

l'Europe Deux traductions parurent en anglais, dont l'une
en vers. La seconde, dont toute l'édition primitive fut dé-
truite dans l'incendie de Londres, a été reproduite sur une
copie à la fin du siècle dernier. Elle est en strophes de huit
vers: — Here beginneth the lyfe of the most myschievous
Robert the devyll , which was afterward called the servant
of God. — La vie du très-méchant Robert-le-Diable qui fut
ensuite appelé le serviteur de Dieu.

Une traduction espagnole parut en 1530 à Alcala de He-
narès , par Miguel d'Eguia, in-4° goth. — *La espantosa y
admirable vida de Roberto el diablo, assi al principio llamado,
hijo del duque de Normandia el quel despuespor su sancta
vidad fue llamado hombre de Dios*, lequel fut depuis pour sa
sainte vie appelé homme de Dieu.

Grâce à un littérateur dévoué aux précieux souvenirs de
notre poésie et familier avec cette philologie du moyen âge,
on peut trouver à présent la légende de Robert dans plusieurs
bibliothèques, et l'homme de goût peut, hors de Paris,
feuilleter un livre en tout semblable à l'un des deux manuscrits que possède la bibliothèque nationale. La plus ancienne copie est du XIIIe siècle, provenant de la bibliothèque du duc de la Vallière. En tête du roman on lit: chi
commence li livres de Robert le diable; et à la fin, *explicit*
de saint Robert. Mᵚ sur vélin, à deux colonnes et orné de
miniatures. Ce poème a été publié par M. Trébutien et le
libraire Sylvestre, imprimé en caractères gothiques, avec
les dix vignettes qui ornent le manuscrit.

légende, mais fort altérée dans le style. La nouvelle édition d'où j'ai tiré les extraits en prose est pleinement satis-
faisante. Mais retournera-t-elle aux mêmes lecteurs? Nous
croyons pouvoir affirmer le contraire. Cette *histoire* ne
peut plus à présent exciter la curiosité et l'intérêt de l'homme
du peuple, mais bien plutôt du littérateur et de l'homme
de goût.

Si donc, dans le voisinage de Rouen, ce nom de Robert-
le-Diable plane encore sur une vieille forteresse, au milieu
des bois, dont l'origine s'était perdue depuis la réunion à
la France, le renom du jeune brigand, héros des fictions
féodales, s'effacera avec les derniers vestiges de ces ruines.
C'est encore popularisé par l'œuvre des poètes et des conteurs qu'à Londres, ce nom servi à désigner une tour, selon
l'usage de donner des noms aux différentes tours d'un
château fort.

Dans le Maine, des restes d'anciens retranchements portent le nom de *Fossés de Robert-le-Diable*. Ces fortifications sont l'ouvrage de Robert de Bellesme : Il fit bâtir, a
dit Dumoulin, de nouvelles forteresses et faire ces grandes
tranchées de plus de trois lieues qu'on voit encore à présent
entre Mamers et Beaumont-sur-Sarthe, et que les paysans
appellent les *Fossés de Robert-le-Diable;* nom qui ne
convenait pas mal à ce tyran, lequel fit mourir de faim et
de froid plus de trois cents hommes, lesquels mesme lui
offraient de payer de fortes rançons.

Enfin le peuple, jusqu'à nos jours, pour caractériser un
vaurien farouche et guerroyant, disait encore : C'est un
vrai Robert-le-Diable.

C'est ainsi que le féroce guerrier, qui mérita ensuite

d'être appelé homme de Dieu, était devenu un type, un symbole personnifié du moyen-âge, de ce moyen-âge écoulé et fini, avec ses passions violentes, ses rudes et fortes énergies, ses vertus sublimes et ses crimes effroyables.

Falaise, imp. de Levavasseur.— 1851.

Lightning Source UK Ltd.
Milton Keynes UK
UKOW06f2147230717
305892UK00005B/56/P